京都 古民家カフェ日和

43 Kyoto Old House Cafes

古都の記憶を旅する43軒

川口葉子

世界文化社

はじめに

京都の古民家カフェで、喫茶のひととき。その光景が私たちを魅了するのは、風情豊かな佇《たたず》まいのためばかりではありません。

江戸時代中期に原型ができたとされる京町家の洗練された姿は、町衆の経済力と職人の技術力の賜物《たまもの》です。町家の造りを知れば知るほど、京都の町なかで育まれた高度な生活文化がうかがえるのです。

たとえば坪庭や「通り庭」と呼ばれる土間は、夏の厳しい暑さをやわらげるために涼風を生み出す工夫のひとつでした。

また、窓の格子は室内に光と風をもたらしますが、多彩な格子のデザインはその家の職業によってほぼ決まっていました。

糸屋や呉服屋など繊維を扱う商家の窓には、上部を短くして明るい光を採り込み、糸の色を見やすくした糸屋格子。酒屋には酒樽がぶつかっても壊れない、太くて頑丈な酒屋格子。炭屋には格子のすき間を狭くして、表に炭の粉が出ないよう配慮した炭屋格子など。

さらに格子には、室内からは外が見えるのに外からはのぞきにくいといったプライバシー確保や防犯の機能もあります。完璧ですね。

京都の古民家カフェとは

京都市が定めた条例※では、京町家を「建築基準法が施行された一九五〇年以前に建築された木造建築物で、伝統的な構造及び都市生活のなかから生み出された形態または意匠《いしょう》を有するもの」と定義しています。

本書ではそれをふまえつつ、取り上げる古民家カフェを「築五十年以上の建物を転用・再生したカフェ」と決めました。転用、つまり本来は違う目的で造られた古い建物にかけがえのない価値を見いだし、カフェとして新たな生命を吹き込むこと。

大震災や大空襲に見舞われなかった京都には、さぞ古い建物が残っているだろうと思われがちですが、残念ながら江戸時代に三度の大火によって多数の貴重な社寺や民家を消失しています。洛中《らくちゅう》に残っている町家の多くは、古くても一八六四年の「元治の大火」以降に建てられたもの、つまり幕末から明治時代にかけての建築だそうです。

それでも、百年建築の多さは東京とは比べものになりません。ぜひ本書でご紹介する古民家カフェ、町家カフェを訪れて、一杯のコーヒーの中で百年前の風景といまの風景が響き合い、新しい暮らしの楽しみが生まれているのを感じていただければ幸いです。

川口葉子

※ 2017 年制定「京都市京町家の保全及び継承に関する条例」(京町家条例)

―もくじ―

＊本書の情報は2021年4月現在、営業日時は2023年12月現在のものです。情報は変更されることがありますので、お出かけの際は各カフェの公式サイト、SNSなどをご確認ください。
＊「menu」欄の「珈琲」「コーヒー」等の表記は、お店に従っています。
＊ラストオーダー（LO）は閉店時間と異なる場合があります。
※お茶と酒 たすき（42ページ）、寺町李青（132ページ）は閉店しましたが、かつて素敵なカフェがあった記録として残しています。

京都古民家カフェ MAP

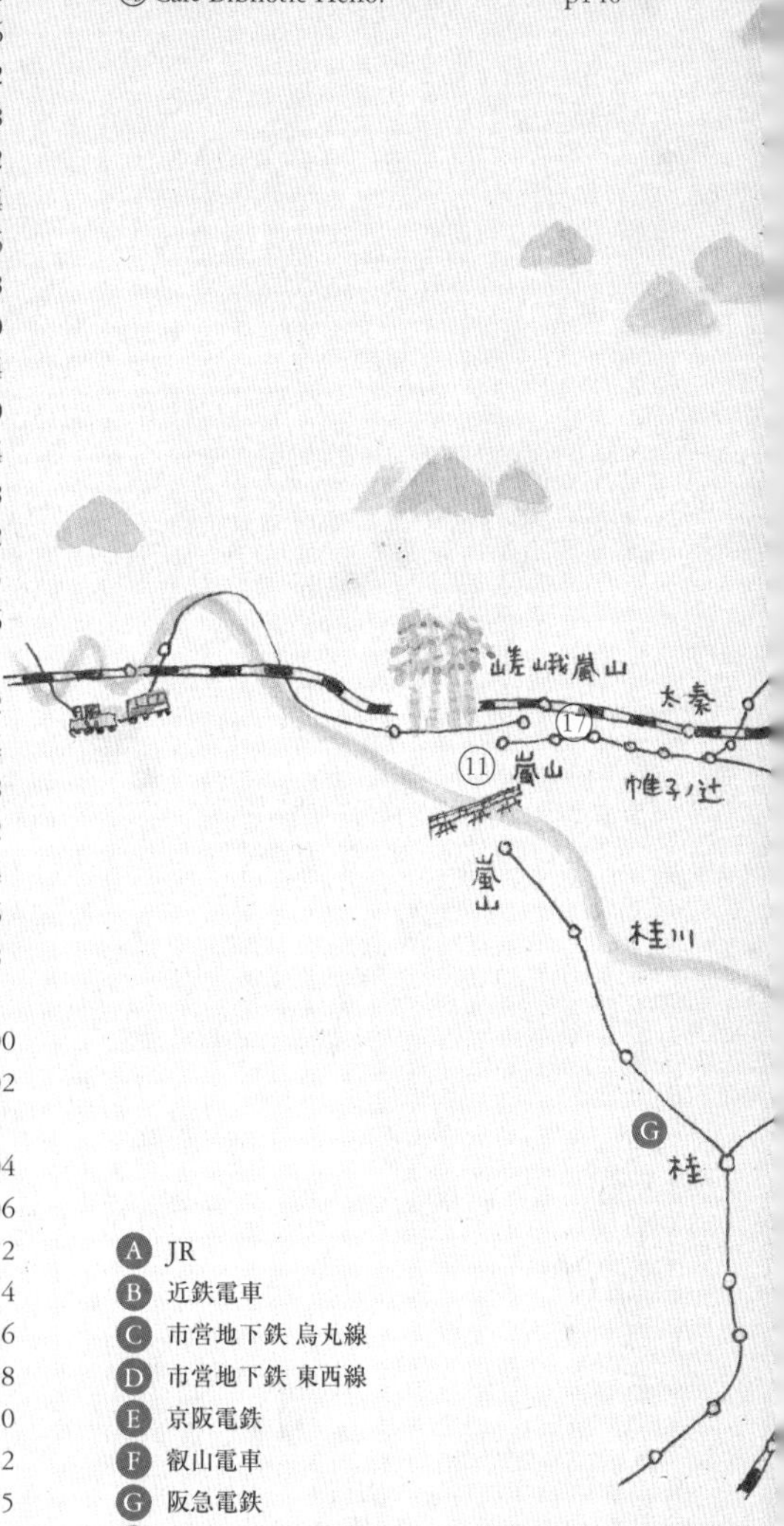

Ⓐ JR
Ⓑ 近鉄電車
Ⓒ 市営地下鉄 烏丸線
Ⓓ 市営地下鉄 東西線
Ⓔ 京阪電鉄
Ⓕ 叡山電車
Ⓖ 阪急電鉄
Ⓗ 嵐電（京福電鉄）

※⑨お茶と酒 たすき、㊵寺町李青は閉店しましたが、
かつて素敵な古民家カフェがあった記録として本書に残しています。

第1章

お茶の香りを聞く

お茶の香り漂う古民家カフェをご紹介します。
香道でお香を「聞く」ように、お茶の香りや
古い家の物語に耳を澄ませて。

1

冬夏

清閑なお茶の時間に感じる
築百年の民家の息吹

寺町丸太町

右・デンマークのデザイナー、ニールス・O・モラーの椅子。
左・中庭から眺めるギャラリー「日日」。主に暮らしの道具を紹介する。たとえば木肌の質感をいかした漆塗りのうつわを作る仁城義勝さんは、通常の分業制をとらずに木材の乾燥から全工程を自ら手がけており、オーナー自身も日常的に愛用している。

オリジナルブレンドの茶葉に合わせて、生菓子や、冬にエルマーさんの故郷ドイツから届くナッツケーキ、オーガニックカカオなどが楽しめる。奥村さんはフードディレクションの仕事を通して、食からひろがるコミュニケーションを大切にしてきた。冬夏でも作り手と信頼関係を築いてきた食材を扱う。

室内の変化に富んだ陰影は、伝統的な日本家屋の大きな魅力のひとつ。玄関の引き戸から射し込む陽光は、時間の経過とともに壁や床を移動していく。

京都を旅していると、ふとした拍子に結界を意識することがある。聖と俗、ハレとケ、一見さんお断りとまではいかなくとも、ゆるいご紹介制という結界の数々。

冬の朝、「冬夏」の門の前に立ったときにも小さな結界を感じた。高い板塀と見越しの松に護られた門をくぐったその先は、日本画家、西村五雲《ごうん》の住まいだったという築百年の日本家屋である。

軽々しく足を踏みいれていいものだろうか？　掃き清められた玄関に漂う品格にかすかなためらいを感じながら引き戸を開けると、奥からスタッフがにこやかな表情で現れ、一瞬であたたかい空気に包まれた。

ここはフードディレクターの奥村文絵さんとドイツ人の夫、エルマー・ヴァインマイヤーさんが開いたギャラリーとティールーム。改修にあたっては、時を重ねた家の歴史と意《い》匠《しょう》を継承することを重視し、一部分だけに手を加えたという。

かつて京都ではどの町にも建具職人や庭師が住んでいて、かかりつけのお医者さんのように町内の家と庭の面倒をみていたそうだが、奥村さんたちも家の改修を通して、ご近所の職人さんや専門店の頼もしさを実感したそうだ。

靴を脱ぎ、玄関左手の一室でお茶とお菓子をいただいた。たっぷりと幅のある栃の木のカウンターに、北欧デザインの椅子。湯沸かしの口から白い湯気がたちのぼる。汲みたての下御霊《しもごりょう》神社の井戸水である。

一煎目と二煎目はスタッフが淹れてくれた。お湯を注いだ宝瓶《ほうひん》の中で、ゆっくりと開いていく茶葉。スタッフはすっと背筋を伸ばしたまま宝瓶を両手で包み込み、蒸らし時間の頃合いを注意深く見守る。

　目の前でおこなわれる一連の静かな所作を眺めているうちに、いつも

欄間《らんま》や雪見障子、襖《ふすま》などの建具はすべて元からこの家にあったもの。

とは異なる時間の中にいることに気がついた。お茶を淹れる人の無心の集中がゆるやかな波紋のように空気中にひろがり、私にも深い呼吸と心の静けさをもたらしたのだ。


「私たちは『お茶に心をしずめる』という言いかたをします」と、スタッフは微笑した。

　茶葉は奥村さんが滋賀県朝宮で出会った無農薬栽培の農園などから仕入れたもの。朝宮は平安時代に最澄が唐からお茶の種子を持ち帰り、この地に蒔いたとされる日本茶発祥の地である。ティールームでもギャラリーでも、日本の暮らしの根源に通じるもの、風土や伝統文化に根ざした日用道具の作り手の作品を選び、その魅力を伝えているのだ。

　それらに囲まれて小一時間ほど過ごすうちに、自然に心の安らぎを得るお客さまは少なくないらしい。その理由をめぐって、奥村さんは忘れ難い言葉を口にした。

「ここにあるものがみな、人間の手を介してはいるけれど自然に存在する素材ばかりだからなのでしょう。たとえばこの茶筒は木の幹から、うつわは土から作られています。そして我々人というものは、大きな時間の存在を感じるとほっとするそうですよ。日々、あれもしなきゃこれもしなきゃと慌しく生きている時間のすぐ隣に、ゆったりした大きな時間の流れがあるんです」

　百年という歳月を生きてきた家。何十年もかけて成長した樹木でできている建具。それらの大きく静かな呼吸が人を包んでいるのだ。

　家も庭も美しく保つには、日々のまめまめしい手入れが欠かせない。

「磨きなさい、と家に言われているように感じています」

　家には生命が宿る。そして人は古い家を磨きつづけているうちに、より深く家と心を通わせるのだ。

● menu（税込）
sencha_asatsuyu_2020　1,900円
sencha_saemidori_2020　2,000円
kamairi_zairai_2019　1,900円
※季節の朝生菓子またはカカオ付
　メニューはシーズンにより変更あり

● とうか
京都市上京区信富町298
075-254-7533
11:00〜18:00(LO17:30)
火・水休
京阪「神宮丸太町」駅より徒歩10分

ティールームの名は「冬夏青青」に由来する。松などの常緑樹が青々と茂る姿を、どんなときも変わらない信念に譬《たと》えた荘子の言葉による。2階は奥村さんの「foodelco」の事務所。

2

茂庵

市中の山居で味わう大正時代の風雅

吉田山

大正時代に実業家・谷川茂次郎が造った広大な茶苑の中の食堂棟をカフェに改修。建物は京都市の登録有形文化財となり、「趣味性の強い、かつ優れた意匠の建物」と評価されている。春秋はすぐ満席になるが、雨の日は静か。店長におすすめの季節を訊ねると「梅雨どき、室内より外の新緑のほうが明るく見える日がある」と言う。いつか、新緑の光に包まれた茂庵を体験してみたい。

山頂の茂庵をめざす散策ルートは数通りあるが、おすすめは神楽岡通から石段を上がるコース。林の中にひっそりと点在する茶室を眺めながら、四季折々の色彩が楽しめる。

カフェ「茂庵」は京都大学のすぐ東、吉田山の頂に立っている。

　ふもとから山頂に向かって、なだらかな階段が続く。秋の朝、その一段目に足をかけたときから、茂庵の風雅な文化圏内に引き込まれた。

　常緑樹にところどころ交じる紅葉。中腹には銅板葺《ぶ》きの屋根をもつ民家が整然と並んでいる。これは茂庵の元の主、谷川茂次郎が大正末期に建てた高級住宅群で、京都大学の教員や文化人が住んだという。

　最後の石段を上って緑のアーチをくぐると、いきなり鳥の声と葉ずれの音でいっぱいの林の中にいた。ここは本当に京都市内？　頭上からどんぐりが落ちてきて、たて続けに足元に転がった。

　あらためて「市中の山居」という茶の湯の言葉を思う。都市の喧騒のただなかに潜む、山深い草庵のような茶室――本当に茂庵そのものだ。

　建物には格の高い社寺建築を思わせる部分と、大胆な遊び心から生まれた部分が交差している。

「天井も床や窓も、大正時代に建てられたままの姿を保っています。伝統的な和風建築に当時新しく入ってきた洋風建築を採りいれ、大工さんの技術を試しながら造ったのだろうと専門家にうかがいました」

　店長の高橋幸世さんが言う。

　四面すべてに窓が設けられ、どの窓からの眺望も趣があった。かつて茶会に招かれた人々もここから絶景を楽しんだに違いない。

　実業家にして茶の湯に造詣《ぞうけい》の深い数寄者《すきしゃ》だった谷川茂次郎は、吉田山中に八棟の茶室と食堂棟を造り、茶会を開いて人々をもてなしていたと

名建築を維持するためにカフェとして活用し、1階は厨房と待合、2階がカフェとなっている。山小屋を思わせる天井や床板には檜《ひのき》が使われている。

いう。戦後は数十年にわたって閉鎖され、茶室も二棟が残るのみとなっていたが、茂次郎の孫にあたる現オーナーが貴重な建物の維持を願って食堂棟を改修し、二〇〇一年にカフェとしてオープンしたのだ。店名の茂庵は茂次郎の雅号である。

このカフェでくつろいでいるとき、私たちは数寄者の一族から豊かな贈りものを受け取っているのだ。

● menu（税込）
コーヒー　560円
ゆずジュース　660円
シフォンケーキ　470円

● もあん
京都市左京区吉田神楽岡町8
075-761-2100
12:00〜17:00(LO16:30)
月・火休(祝日の場合は営業／予約優先)、
年末年始休、夏季休
JR・ほか各線「京都」駅よりバス29分〜、
「浄土寺」または「銀閣寺道」バス停より徒歩15分

3

聞香処

新しい鳩居堂で香りを聞きながらお茶を一服

寺町二条

江戸時代に創業し、薫香や和紙製品の専門店として雅やかな伝統文化を伝えてきた「鳩居堂」。二〇一八年に寺町通に構えた新店舗「聞香処」では、喫茶スペースでくつろぎながら聞香の体験ができる。

香道の世界では香りを〝嗅ぐ〟のではなく〝聞く〟と表現する。音楽に耳を傾けるように心を傾けて、ゆらめきたちのぼる香木の香りに耳を澄ませてみたい。

聞香メニューは「一保堂茶舗」の煎茶とお菓子、それに香木を組み合わせたセット。香木は上品な沈香《じんこう》と、甘く玄妙《げんみょう》に香り、沈香の最高級品とされる伽羅《きゃら》の二種類から選べる。

「香りの好みは大変個人的なもの。食べものの好き嫌い以上に人それぞれに違うんです」

そんな話をしながらスタッフが電子香炉を手のひらにのせ、香りの聞きかたを説明してくれた。

教わった通りに右手で香炉を軽くおおい、指のすき間からゆっくりと香りを吸い込んでみる。瞬間、頭の中からせわしない想念が消えて、鼻腔から体内に入ってくる伽羅の香りに五感が総動員される。目を閉じて深呼吸するたびに、懐かしい記憶と未知の記憶が入り混じる。

築約百年という町家は、そんな馥《ふく》郁《いく》とした時間を過ごすのにふさわしい。建物の改修にあたり、デザイナーは「中途半端に手を入れるのではなく、中央に真っ白なテーブルを置くだけで、後は何もしなかったように見えるのがいい」として、過去の記憶が残る黒い空間に近未来を想起させる白いテーブルを挿入したのだという。

● menu（税別）
香木伽羅(煎茶お菓子付)　1,600円
香木沈香(煎茶お菓子付)　1,000円
あたたかい玉露とショコラテリーヌ　800円
あたたかい煎茶とマカロン　600円

● もんこうどころ
京都市中京区寺町通二条下ル妙満寺前町464
075-231-0510
11:00〜17:45(LO17:00)
定休日なし(1/1〜1/3休)
地下鉄東西線「京都市役所前」駅より徒歩3分

＊当カフェは 2023 年 12 月現在、休業中です。
詳細は公式サイトをご参照ください。

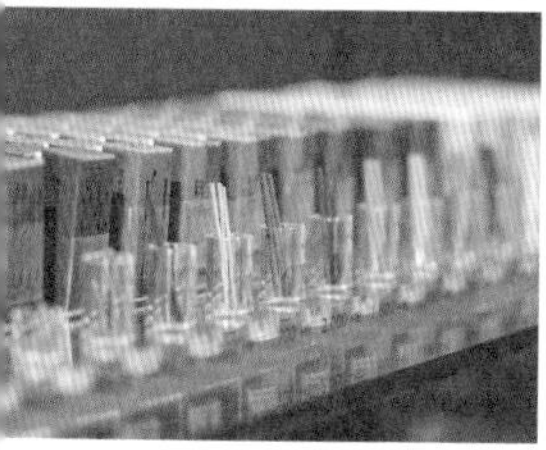

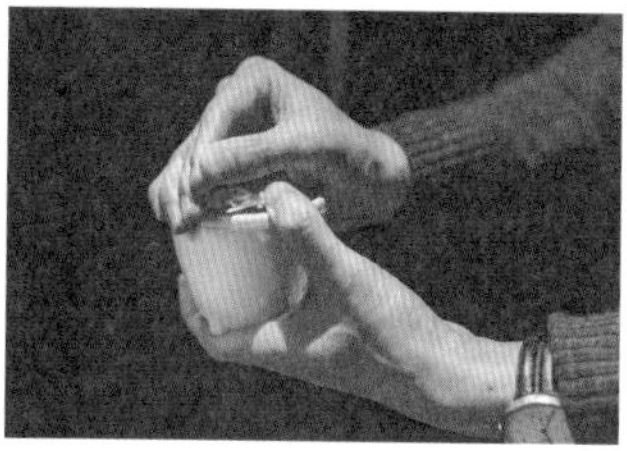

店内には日常生活に気軽に取りいれられるスティック型のお香をはじめとして、鳩居堂ならではの季節感豊かな絵はがきや手ぬぐいなどが並んでいる。聞香が楽しめるのは坪庭に面した喫茶スペース。セットのお菓子はミシュランにも選ばれたフレンチの名店「MOTOÏ」のもので、大徳寺納豆を用いたマカロンと山椒入りのショコラテリーヌが用意されている。

4

間 ―MA―

大正時代の炭問屋で現代のお茶文化を喫するひととき

東寺

五重塔がそびえる東寺の南に、大正末期に建てられた町家が残っている。目立つ看板のない入口をくぐれば、そこは由緒ある旅館めいた玄関の間。されど一見、伝統的なしつらいに見えながら、どっしりした水屋《みずや》箪笥《だんす》の上下をばらしてカウンターに変身させるなど、固定観念に縛られない感性で古道具を自由に組みあわせている。

　この魅力的な空間を統括する酒井俊明さんは、約百年にわたり炭問屋や質屋として使われてきた建物に出会い、仲間たちと共に時間をかけて改修をおこなった。テーマは「継ぐ」。そして二〇一九年、日本茶の新たな文化を発信する複合施設「間」をオープンしたのである。

　蔵戸を引いて「お茶の間」に入ると、リノベーションした吹き抜けに目を奪われる。一枚の壁ではなく、廃材の建具を集めて縦に何段にも重ねた巨大な壁。元のまま残してある長い梁《はり》。大胆な意匠だ。

　酒井さんは「茶の湯は美術や工芸なども含めた総合芸術」と語る。空間の演出も楽しみのひとつなのだ。

　間には多彩な作り手が関わっており、日本茶を用いたフレグランスを創作したり、菓子職人がお酒に合う和菓子を用意したり、イベントを開催したりと、お茶を軸とした愉《たの》しみのアップデートを試みている。

　椅子に腰かけ、三種類のお茶の飲みくらべを満喫する。

「お茶でどれだけ遊べるかを大事にしています」という酒井さんの言葉を聞いて、薄緑色の水面に雫が落ちて波紋が幾重にもひろがっていく光景が浮かんできた。

右・坪庭の奥には茶室や古書店も並ぶ。「茶妙」はくるみ入り黒糖あんを求肥《ぎゅうひ》で包んだ雪平《ゆきひら》に、お茶を注いで楽しむ一品。
左・「天井の梁が最長8メートルもあるのは洛外《らくがい》※1ならでは。洛《らく》中《ちゅう》※2だとこの長さの材木は運ぶときに道を曲がれないんです」と酒井さん。

● menu（税別）
100種以上の日本茶から
　選べるお茶　各1,000円～
抹茶(濃茶)お菓子付　1,000円
抹茶(薄茶)お菓子付　1,500円
茶味比べ　2,500円
茶出汁の出汁茶漬け　1,500円
日本茶のコース　5,000円

● ま
京都市南区西九条比永城町59
075-748-6198
11:00～17:00
火·水休+不定休(完全予約制)
近鉄「東寺」駅より徒歩5分

※1 洛外……京都市の市街地の周辺部。
※2 洛中……京都市の中心部。

5
aotake
ひそやかにお茶の香気たゆたう
築百年を超えた古民家
七条河原町

右上・日本茶に添えられる可愛らしい「豆腐白玉」は、もちもちした食感。
上・田中さんの視線は床板にも注意深く注がれる。華奢な印象の床の間に対して、現在流通している幅広の床板は似合わないと、古い町家の解体工事現場へ幅の狭い床板を譲り受けに行ったそう。

大通りの角でいきなり夢のような光景にぶつかった。ビルに隠れた古い家の生垣が一面に白い花をつけ、舗道にも無数の花びらをこぼしているのだ。歩み寄って顔を近づけ、山茶花《さざんか》の香りに包まれて目を閉じる。

庭先には「七条仏所跡《しちじょうぶっしょあと》」の立て札が立っていた。この場所には平安から鎌倉時代にかけて多くの仏師が居住した工房があり、かの運慶や快慶らも輩出したという。読み終えて板塀の先へ進むと、そこが「aotake」の入口だった。

小さな玄関で靴を脱いで室内に入る。古びていながら、不思議に繊細な美しさを感じる室内。なぜこんなに洗練されているのだろう？

見回せば、短い廊下の足元や部屋の長押《なげし》には間接照明が仕込まれ、床や土壁をほんのり照らしているし、

庭に面した引き戸の上部にはすりガラスが嵌《は》めこまれ、外界を巧みに遮断している。建物を改修した人の愛情が伝わってくるのだ。

「この家は大正元年に借家として建てられたもの。隣接する母屋は明治時代の建物だそうです」

店主の田中貴子さんが快活な口調で教えてくれた。田中さんは所属する「古材文化の会」を通して、二十年もの間、空き家となっていたこの家に出会い、歴史ある木造建築の保存と再生を願う大家さんの理解のもとで自ら全面改修をおこなった。

「土壁は劣化していて、前の住民が全面に和紙を張って土が落ちてこないようにしてあったんです。和紙を剝がしてみたら味わいのある壁が出てきたので、塗り直さず補修するだけにとどめました」

「都市開発を免れた古い町家は、高齢者が独り住まいをしていることが多く、その方が亡くなられると解体されてしまうんです。伝統的な木造建築を維持するのは費用も含めていろいろと大変ですが、なんとか維持したい」と田中さんは語る。
下・2階の天井に残る大正元年の棟札。

そんなお話を聞きながら日本茶とお菓子をゆったりと楽しんだ。

メニューに並んでいるのは銘柄を厳選した紅茶と日本茶が数種類ずつと、それぞれに相性のいいお菓子。いずれも一煎目は田中さんが目の前で淹れてくれる。いまではもうおこなわれない、手間のかかる大工仕事の痕跡をとどめた部屋の中で、お茶の旨みはひときわ深く感じられる。

●menu（税込）
和紅茶 天空月露　1,100円
ダージリンセカンドフラッシュ　1,200円
手摘み玉露(小菓子付)　1,300円
三味豆腐白玉+紅茶　1,350円〜
シフォンケーキ+紅茶　1,400円〜

●あおたけ
京都市下京区材木町485
070-2287-6866
11:00〜17:30(LO17:00)
火・水休
JR・ほか各線「京都」駅より徒歩10分

第2章 暮らしの記憶

江戸時代の庄屋の家。先祖代々住み継がれてきた家。
京都市電が使用していた小さなビル。
遠い時代の生活の記憶が甦《よみがえ》ります。

6

（店名なし）

江戸時代に建てられた
大徳寺の寺侍の家

紫竹

縁側越しに射し込む陽光が、時間と共に床を移動していく。

「知り合いが古民家で喫茶店を始めました」と、ゆるりとした口調で好日居[※1]主人は言った。

「ご家族が代々住んでいた家で、店名も看板もなしに営業しているんです。もしご興味があれば、いらしてみては？」

……店名が、ない？

　頭の中が質問だらけになった私に、好日居主人は微笑してお店の場所と営業日の確認方法だけ教えてくれた。こういうとき彼女はいつもよけいな説明を加えず、必要にして充分な情報のみ教えてくれるのだ。

　長い間、喫茶空間を訪ねる旅をしているうちに、いち早く新しいカフェや隠れた喫茶店を探したいという欲望は遠いものになった。めぐってきた縁の糸を大事にしながら、ただ静かに好きなものに愛情を寄せ続けていればいいと思っている。

　そんなわけで数週間後のこと。白い暖簾《のれん》が下がる玄関の前に立ち、なにげない家の顔つきに心惹かれていた。竹垣に南天《なんてん》の赤い実。暖簾に踊る木漏れ日。二階の虫籠窓《むしこまど》。媚《こ》びのない、されどあたたかな笑顔で迎えてくれる家だ。

　室内に入って、想像以上の空間のひろがりと吹き抜けの天井の高さに驚く。洛北《らくほく》の特徴なのだろうか、隣家と軒を寄せあう洛中《らくちゅう》の小ぶりな町家とはまったく違う、がっしりと大きな家の懐に抱かれる感覚。

　注文したコーヒーと焼き菓子が素敵においしかったことに背中を押され、一人ですべてを切り盛りしている女性にあらためて声をかけ、家の来歴を訊ねてみた。

「この建物は文化四年[※2]に大徳寺の寺侍の家として建てられたそうです。私の先祖は大徳寺の大工でしたが、どんな経緯でこの家を受け継いだかはわかっていません」と、彼女――のちに橘沙織さんとお名前をうかがった――は言った。

　ということは、二百十年以上前、ちょうど京町家の成立時期とされる頃から住み継がれてきた家なのだ。

「なぜ店名がないんでしょう？」

「じつは、ネットで検索されないように伏せているんです。ここを知っているかたやご近所のかたに普段づかいしていただきたいので」

　橘さんの語り口は、どこか飄々《ひょうひょう》としていながら芯の通ったものだった。さらに詳しく聞きたくなって、後日再びお店を訪れた。

　橘さんは東京育ち。かつてここに叔祖父《おおおじ》が暮らしていた時代、兄の

※1……32ページに掲載
※2……1807年

1807年築の躯体《くたい》を残す貴重な建築は京都市の登録有形文化財。12月の午後、戸口の両脇には祇園祭《ぎおんまつり》のちまきとお正月飾りの仏手柑《ぶっしゅかん》が飾られていた。

上・坪庭から自然光が射し込むキッチン。
左・流し台には昭和時代のものらしき水色のタイルが貼られている。花びら形の排水口が可愛らしい。

「窓も少なく暗い家屋ですが、射し込む僅《わず》かな光がこんなにも美しいのかと教えられました。毎日、射し込む光の移ろいを眺めています」と橘さんは語る。

下右・六曜社地下店に依頼したオリジナルブレンド。自家製の焼き菓子の小さなセットは、黒砂糖のクッキー、柚子が香るケーキ、アーモンドプラリネ入りメレンゲなど、変化に富んだおいしさ。

十三参りの折に訪れたのがこの家に関する最初の記憶だという。

「最後にこの家の主となったのは、祖母の弟でした」

その人物が十五年ほど前に亡くなったのを機に改修工事をおこない、以降はギャラリーとして十年ほど人に貸していたという。そして二〇二〇年、京都へ移住して働いていた橘さんがこの家を受け継ぎ、喫茶店を開いたのだった。

ギャラリーではなく喫茶店にしたのはなぜでしょう？

「いろいろな人に、この家に〝居る〟ことをしてほしいから」

なるほど。家の生命はただ単に人の出入りがあるだけではなく、そこで人々がいいときを過ごすことで初めて輝き、永らえるもの――そんなイメージなのかもしれない。


加えて、橘さんは生粋の〝喫茶人〟だった。京都に移住して以来、毎日のように仕事帰りなどに自家焙煎珈琲店「六曜社」に立ち寄る習慣をもち、さしたる目的もなしに喫茶店で余白のような時間を過ごすことの魅力を熟知しているのだ。

もちろん自分のお店で使うコーヒーは、六曜社地下店の奥野修さんにオリジナルブレンドを依頼した。

「おいしい豆を殺してしまわないように、自分は手を添えるだけという意識で抽出しています。豆自身が気づかないうちにコーヒーができていた、というくらいの静かさで」

すべてにおいて「殺さないこと」を大事にしたい、と橘さん。その深い敬意は、継承した江戸時代の家についても同じである。

「木材も流し台のタイルも、あらゆるものが私より年上。若輩者がお掃除させてもらってます」

少しの間、私もこの空間に〝居る〟ことに専念してみた。

格子戸のすき間から陽光が土間に射し込み、光と影の強いコントラストを作っている。暖簾ごしに木漏れ日が揺れ、あまりの美しさにせつなくなる。結晶化して永遠に保存できれば、と思いながら口に入れたメレンゲを上あごでカシャ、と壊した。

● menu（税込）
ホットコーヒー　450円
焼き菓子各種　300円～

●
京都市北区紫竹あたり
電話番号なし
暖簾がかかっているときに営業
地下鉄烏丸線「北大路」駅より徒歩16分

7

好日居

大正時代の一軒家に
妙なるお茶の香り

岡崎

季節や催しに合わせてしつらいが変化するのも楽しみのひとつ。

美術館や由緒ある社寺が多く、落ち着いた風情が漂う岡崎の街。大正時代の一軒家を改修した「好日居」は、古い板塀が続く閑雅《かんが》な路地にひっそりと門を構えている。

　店主の横山晴美さんは一級建築士。三十年もの間、住まう者もなく荒れていた空き家を友人知人の手を借りて改修し、心の澱《おり》を沈めてくれるような素晴らしいお茶を点ててお客さまをもてなしている。

　初めて訪れたのは二〇〇八年の春、まだオープンして間もない頃だった。準備が整わなくて――打ち水をしながら横山さんはそんな言葉を口にしたけれど、品のある家の佇《たたず》まいは私をいっぺんに魅了した。

　玄関の右手には、かつて応接間だったとおぼしき白い漆喰《しっくい》壁の洋間があった。現代の住宅には無用の長物として設けられなくなった、来客のためだけの一室である。

　仄暗《ほのぐら》い和室の奥、坪庭に面した一室には、遠くからここへ旅してきたものたちが淡い陽射しを浴びて並んでいた。西洋から大陸を横断して日本まで、あるいは古墳時代から時空を超えて現代まで。床に敷き詰めた大谷石は、横山さんが栃木県の産地までわざわざ出向いて採掘を手伝ったものだ。

　青空を求めてウズベキスタンを旅したときに出会ったというターコイズブルーのうつわで抹茶とお菓子を楽しみながら、この家との不思議なご縁の話を聞いた。

　ひどく傷んだ空き家。第一印象ではさほど惹かれなかった、と横山さん。しかしふと、窓ガラスに残る丹念な修繕の跡に目がとまった。

右・三和土《たたき》に置かれた古い木製冷蔵庫。
左・この日の門は大祓《おおはらえ》の茅《ち》の輪のようなしつらい。輪をくぐる人の厄や病を祓う……そんな願いが潜んでいたかもしれない。元は洒落の効いた催し、架空の民族をめぐる「輪ヶ族展」の際に用いたもの。

茶

最後に住んだ人々は、この家を大切に繕いながら日々を過ごしたのだ――そう思うと気持ちが動いた。

愛情を込めて世話をされた家には、優しく人なつこい魂が宿っていたに違いない。家を借りる前後の物語は、あたかも家自身が横山さんを呼び寄せるために幾つもの偶然を仕組み、旅や人や出会いのタイミングを重ねあわせたように思えるのだ。

横山さんは本業の合い間にこつこつと改修作業を進めた。技術を継承する職人も少なくなった昔ながらの工法で玄関の三和土を仕上げ、洋間の壁には漆喰を塗り、和室の壁や天井には柿渋や紅殻《べんがら》など、古来の自然素材の塗料を使って丹念に繕っていった。

そんな日々のなかで、この家に人をお招きするというアイディアが浮かんだという。三十年分の空白をお客さまと共に埋めていくのが自分のつとめではないだろうか、と。

それから十数年。好日居は季節のお茶会や催しのたびにさまざまにしつらいを変えながら、遠方からも多くの人が訪ねてくる場所として豊かに育っていった。訪れるたびに家の空気の密度が濃く、しかもまろやかになり、主人の人となりに寄り添っているのが感じられる。

ある年の六月の「蛍《ホタル》ノ茶事」と題した小さな茶会は、遊び心に満ちた蛍づくしだった。日没前、ホタルブクロの花を飾った部屋には、御簾《みす》のように仕立てた古い蚊帳《かや》が吊られ、客人は透ける暗闇の中に通された。最初の一杯は、冷たい抹茶の上にクチナシの黄色をしのばせた氷を浮かべて、池に浮かぶ蛍のおぼろげな光

を思わせる趣向。茶菓子は季節限定の薄氷「蛍」である。そして会の終わりには近くの疎水《そすい》まで蛍狩りの散歩へ。このあたりでは日が暮れる頃から蛍がふうわりと飛び交うのだ。

　初めて訪れた日のぴんと張りつめた美しい時間も、時を重ねて肩の力が抜けたいまの鷹揚《おうよう》な美しい時間も、訪れた人々の記憶に宝物のように刻まれている。

● menu（税別）

雲南省 母樹生茶　2,000円～
雲南省 普洱老磚茶　2,500円～
折々の中国茶　1,200円～
気まぐれチャイ（予約）　1,000円
気まぐれ茶ノ菓　300円

● こうじつきょ

京都市左京区岡崎円勝寺町91
075-761-5511
14:00～18:00
不定休（予約優先）
地下鉄東西線「東山」駅より徒歩7分

「今日は好日」と感じながら過ごしてほしいと、毎朝汲みたての名水と香り高い茶葉を用意し、穏やかでぶれのない心で淹れる。飲み進むにつれて風味が変化するお茶を、横山さんは「時間をいっしょにいただいているような感じ」と言う。「7、8煎目が好きとおっしゃるお客さまもいます。それも1煎目、2煎目を味わってきたからこそ」。

8 Kaikado Café

40年ぶりに甦った
京都市電の車庫兼事務所

七条河原町

1927年築の旧京都市電の「旧内濱架線詰所」。登録有形文化財。

下左上・コーヒーは、開化堂５代目会長が愛飲する焙煎家、中川ワニさんの豆を使用してハンドドリップ。「あんバタトースト」は、小麦粉の香り豊かな「HANAKAGO」のパンに、大人気の「中村製餡所」の粒あんをたっぷりのせた名作。
下左下・ドアの取っ手には、往時の市電のブレーキハンドルが使われている。

カウンターでコーヒーを淹れるスタッフの手元に、見たことのない銅製のうつわがあった。抽出完了後、その上にドリッパーがすっとのせられた。まだ滴っているコーヒーの最後の雫を、うつわが受けとめる。

「この用途のために特別に作ってもらったものです」と、店長の川口清高さんが教えてくれた。

開化堂特製のコーヒー道具とは、あまりにも素敵。背後の壁には大小の銅製コーヒー缶が鈍く輝いている。質の高い手仕事で愛されてきた茶筒の老舗が、こんな柔らかな姿勢でものづくりをしているなんて。

「Kaikado Café」は開化堂が旧京都市電の歴史的建造物を改修して二〇一六年に開いたカフェである。

「五十年前までこの窓の前を路面電車が走っていたんですよ」と川口さん。電車の架線はときどき事故で断線してしまう。このビルは復旧措置をおこなう保線施設として一九二七年に建てられたものだ。

「天井が高いでしょう？　一階には保線用の車両が入っていたんです。二階は事務所と宿直室でした」

一九七〇年代、京都市電の廃止に伴って役目を終えたビルは、シャッターを下ろしたまま解体も再利用もされることなく、四十年にわたって放置されてきた。ほとんど奇跡のような近代化遺産である。

京町家はカフェなどに活用される機会が増えたが、このようなビルはいつの間にか姿を消してしまう。開化堂は、街角に残る小さなビルを遺したいという思いを形にしたのだ。

デンマークのデザインスタジオ「OEO」による現代的なインテリア

が、築九十年を超えた建物に元からあった無骨な窓枠やうっすらと残る落書きをいっそう魅力的に見せている。開化堂の職人が手がけた銅製のランプシェードが、カウンターや壁に柔らかな光を投げかける。

　食器や家具などにさりげなく使われている京都の伝統工芸品の数々。その良さを体感できる場所としても、カフェは最高の舞台なのだ。

●menu（税込）
Kaikadoブレンドコーヒー　850円
Kaikadoブレックファースト　850円
四季折々のお茶　900円～
あんがさねセット　1,250円
あんバタセット　1,300円

●かいかどう かふぇ
京都市下京区河原町通七条上ル住吉町352
075-353-5668
10:00～18:30(LO18:00)
木休、年末年始休
京阪「七条」駅より徒歩5分

開化堂は明治8年に創業し、ひとつひとつ手作りで茶筒を製作してきた。京都の優れた職人技による食器や道具を集めたKaikado Caféは、伝統工芸品に触れるエントランスとしての役割も果たしている。飲みやすさにこだわり、口縁を楕円形にしたカップは宇治の「朝日焼」。スイーツをのせるボードは木桶職人の「中川木工芸」。カトラリーは創作竹芸品「公長齋《こうちょうさい》小《こ》菅《すが》」。また「金網つじ」はコーヒードリッパーを手がけた。

9

お茶と酒 たすき

築百二十年の町家で
せせらぎを聞く

祇園

祇園・白川のせせらぎの上にかかる小さな橋を渡れば、そこは築百二十年超の町家の入口である。

朝の霧雨で濡れた橋の途中で足をとめ、紅葉の風情を眺めているうちに、せせらぎの音が思いのほかごうごうと響いていることに気づいた。「雨の後などに大きく聞こえる日もあるんです」と、店長の川又さん。

このうえなく魅力的なアプローチをもつ「パスザバトン京都祇園店」は、町家をリデザインしたセレクトリサイクルショップだ。

ブランド品を並べるのではなく、個人が大切にした品物を、前の持ち主のプロフィールや物語を添えて次の人に届ける。「すでにあるものを大切にし、新たな価値を創造する」というコンセプトは店内の随所で感じとることができる。


過去と現在が交錯する空間は、ワンダーウォールの片山正通氏がインテリアデザインを手がけた。時代を経た和家具と、モダンな印象の大きなガラス壁のコントラスト。裏道に抜ける通路にも吹き抜けにも下がる、たくさんの提灯《ちょうちん》。

川に面した部屋には、眺めの素晴らしい喫茶がある。しかしこの喫茶が大変な評判を呼んでいるのは、窓の景色だけが理由ではない。月替わりの創意溢れるかき氷に、ファンが行列を作るのだ。うつわづかいも美しい。

喫茶の壁を彩るオブジェは、元の町家の屋根瓦を積んだもの。床には学校の古い体育館の床板が再利用されている。喫茶もまた、たすきを次世代へつないでいるのだ。


上・築120年超の2階建て。裏手の暖簾の陰には元の表札が残されている。

右下・かき氷の定番「抹茶みつ練乳付」には京都産の高品質な抹茶を使用。月替わりのかき氷には、ショコラオランジェや焦がし塩キャラメルなどが登場する。「本日の和菓子とお茶」に用いる日本茶は京都の老舗茶園と、東京の新進気鋭のお店から取り寄せる。

● menu（税別）
抹茶（お薄）　800円
焙じ茶　700円
抹茶みつ 練乳付　1,100円
季節氷　1,300円～
本日の和菓子とお茶　1,300円

● おちゃとさけ たすき きょうとぎおんてん
京都市東山区末吉町77-6
京阪「祇園四条」駅より徒歩5分

＊当カフェは2022年3月に閉店しましたが、かつて素敵な古民家カフェがあった記録として本書に残しています。別店舗「お茶と酒 たすき　新風館」は営業中です。

鍵の付いた下駄箱の扉がさりげなく飾られている。いかにも銭湯らしい。

10

さらさ西陣

銭湯建築の華！ マジョリカタイルの極彩色に酔う

西陣

●menu（税込）
コーヒー　550円
カフェオレ　580円
アップルウォールナッツケーキ　550円
さらさのオムレツサンド　1,080円
ランチセット　1,080円

●さらさにしじん
京都市北区紫野東藤ノ森町11-1
075-432-5075　全水休
金·土 11:30〜22:00（LO21:00）
日〜木 11:30〜21:00（LO20:15）
地下鉄烏丸線「鞍馬口」駅より
徒歩10分

「さらさ西陣」は築九十年の豪華な銭湯建築を満喫できるカフェ。訪れる人はおそらく三度、目をみはることになる。

最初の驚きは外観の風格である。玄関の上に張りだした唐破風《からはふ》の屋根は、まるで寺院のよう。手のこんだ装飾の数々は、一流の宮大工が腕をふるった証だ。

中に入ると、浴室部分の壁全面に惜しげもなく使われたマジョリカタイルに感嘆するばかり。ローズピンクと深いグリーンを基調に、艶をおびた色彩とレリーフの凹凸が、視界をすみずみまで埋めつくす。和製マジョリカタイルは、大正時代から昭和初期まで生産されていたという。

かくも贅沢な銭湯が建てられて平成まで続いたのは、当時、この一帯が西陣織の産地として繁栄していたためなのだろう。

よく見ると、壁の低い位置に小さな穴が等間隔に並んでいる。ここに蛇口があったのだ。粋な旦那衆がぴかぴかの顔で朝湯をしたり、仕事を終えた職人たちが一日の疲れを流したり……そんな昭和の光景を思い浮かべてみる。

さて、タイルにばかり目を奪われてしまいがちだが、頭上に目をやれば三度目の驚きが待っている。波形トタンの壁の先にぽっかりと開いた高い天井は、まさに銭湯。じつは、床下にはまだ浴槽が残されているのだという。

あまりにも見どころが多すぎて、一度訪れたくらいでは見つくせない。豊富に種類の揃った自家製ケーキとコーヒーでひとやすみしながら、番台の痕跡を目でそっと確認した。

1930 年に開業した銭湯「藤ノ森湯」は国の登録有形文化財。1999 年に廃業した後、2000 年にカフェとして再生された。すぐ近くには同じ大家さんの銭湯「船岡温泉」が現役で営業を続けており、さらさ西陣と同様に優美な唐破風造りとマジョリカタイルに彩られた贅沢な建築は、銭湯ファンの巡礼の地となっている。こちらも国の登録有形文化財。カフェを訪れた後でのんびり入浴するのも楽しい。

11

パンとエスプレッソと嵐山庭園

茅葺き屋根の存在感に圧倒される築二百十年の庄屋の家

嵐山

旧小林家住宅は1809年に現在の京都府南丹《なんたん》市にあたる農村に建てられ、1979年から3年をかけて嵐山に移築された。入母屋《いりもや》造《づく》りの内部は東側に土間が続き、町家を連想させるが、京町家は平入りが一般的。この家は妻入りである（長いロールケーキを家に見立てたとき、玄関が断面の「の」の字側にあるのが妻入り、側面にあるのが平入り）。

● menu（税込）
エスプレッソ　350円
カプチーノ　500円
ブランティーセット（松）　2,300円
プレートセット（竹）　1,700円
パニーニセット（梅）　1,300円

● ぱんとえすぷれっそとあらしやまていえん
京都市右京区嵯峨天龍寺芒ノ馬場町45−15
075-366-6850
8:00〜18:00(LO17:00)
不定休
嵐電「嵐山」駅より徒歩5分

朝のうち薄曇りだった空は、嵐電に乗って「パンとエスプレッソと」に着く頃には晴れあがり、ぐんと高さを増していた。

東京・表参道でスタートした人気のパン屋さんが二〇一九年に嵐山に開いたお店は、京都府指定有形文化財である建物の素晴らしさと、ここでしか食べられないメニューやパンの魅力で、たちまち大きな話題を呼んだ。

カフェ棟は江戸時代後期に建てられた旧小林家住宅、庭園をはさんだベーカリー棟は昭和時代の二階建て古民家を改修している。

茅葺《かやぶ》き屋根の軒下に立って間近に眺めると、きれいに切り揃えられた断面の分厚さに圧倒されるばかり。ただならぬ重量感なのだ。

高い屋根のてっぺんまでぎっしりと積み上げられた茅の重み。作業に費やされた時間の重み。屋根を支える骨格の力強さも伝わってくる。

明るい屋外から大きな暖簾をくぐって仄暗い店内へ入る。

窓辺の座卓に座って「ブランティーセット」を注文。松・竹・梅の三種類が用意されているが、食いしん坊ゆえに迷うことなく二段スタンドの「松」をお願いした。

上のプレートにはケークサレやフルーツサンド、カヌレなどが並び、下のプレートには自慢のパンがたっぷり五種類。縁側越しに苔庭を眺めながら、静かに噛みしめる。

江戸時代、小林家は村の庄屋をつとめていたそうだ。壁の刀掛けらしきものは、苗字帯刀を許されていた証だろうか？　茅葺き屋根の下で、想像はさまざまに膨らんでいく。

右・有機豆を使ったコーヒーと、パリパリしたキャラメリゼが香ばしいプリン。
下・2階席に上がれば、桜の枝はすぐ目の前。このお店を知る人が「内緒にしておきたい」と言う気持ちがわかる。

12

喫茶 上る

高瀬川に花筏《はないかだ》浮かぶ頃を夢みながら……

木屋町

路地裏探検欲がうずうずするような一角に、「喫茶 上る」の可愛い暖簾をみつけた。

桜並木が枝を交わす高瀬川のほとり。せせらぎの東にのびる木屋町通が猥雑な活気に満ちているのに対して、西側の西木屋町通は、ひそやかな湿り気を帯びた裏道のような気配を漂わせている。

細道に沿って続く、昭和初期の小さな二階建て長屋。そのひとつが「喫茶 上る」だ。

座布団に座って川面のゆらめきを眺めながら、自家焙煎のコーヒーとスイーツを楽しむ。

「ここはずっと空き家だったので、借りた当時は朽ち果てていました」と、店主の横路さん夫妻は語る。二階の天井が抜け落ちて床が腐り、幽霊屋敷じみていたらしい。

● menu（税込）
コーヒー　500円
アイリッシュコーヒー　700円
ミニどら　150円
バターあんこ　350円
ホットサンド　500円

● きっさ あがる
京都市下京区西木屋町通仏光寺上る市之町260
電話番号なし
11:45〜20:00
木休（祝日の場合は営業）+不定休
阪急「京都河原町」駅より徒歩5分

元は鍋もの屋さんだったが、廃業して住居に改装し、窓はアルミサッシに取り替えてあった。

　時を重ねた路地の風情に心を寄せてきた横路さん夫妻は、往年の面影を取り戻すために古い木枠の建具を集めたり、多治見《たじみ》からタイルを取り寄せたりしながら昭和の空気感漂う空間へと改修していった。

　昔から住んでいる人々は、案外こういう建物に価値を感じていないのかなと思います、と横路さん。

「ここ数年でまた街が変貌して、もはや京都ならではの魅力は感じられない。いい京都は、個々のお店の中に残っているんです」

　たとえば坂本龍馬が愛した鳥料理屋は、江戸の記憶をいまに伝える。いいお店は街の記憶を保存する——心の名言手帖にそう書きとめた。

13

Salon de KANBAYASHI

大正時代の邸宅で主人の美意識を味わう

八坂神社

右・黄昏《たそがれ》どき、光をまとった望楼棟《ぼうろうとう》が樹々のむこうに浮かびあがる。
下・スパークリングワインで始まるアフタヌーンティー。八坂の塔をイメージした五段重ねのお重が運ばれる。枯山水仕立てのケーキや、高品質なほうじ茶を用いたティラミスのほか、発酵バタークロワッサンなど塩味のものもあって食べ飽きないよう工夫されている。飲みものはオリジナルの煎茶やフレーバーティーなど、種類を問わずおかわり可能。

この優雅な一軒についてご紹介するとき、建築と庭とアフタヌーンティーについて語るだけでは少し足りない。建設と維持に携わった大正・昭和の人々の心意気についても思いを馳せたいのだ。

たとえば、建設にも維持にも人手のかかる贅沢な邸宅を構えることで雇用を生みだし、人々の生活を長年にわたって支えた実業家の存在。

あるいは、十年、百年という計画のもとに若木を植えた庭師たち。自分の目で完成形を見ることのない彼らは、次の世代に未来を託して知識と技術を伝えた。

「戦前の旦那衆は、いいお屋敷や庭を造ることで職人にいい仕事をさせたんですね。それで腕のたつ職人を育て、職人も後世の人々も食べていけるように」

そんな印象的なお話を聞かせてくれたのはマネージャーの初田智さん。私はノブレス・オブリージュという言葉を思い出していた。

「アカガネリゾート」の前身は、八坂の塔のそばに七百坪もの敷地を有する実業家の邸宅。銅の加工メーカーの創業者が一九二五年に贅を尽くして建てた住まいである。

アカガネとは赤金、つまり銅のこと。邸宅は二〇一三年にリノベーションされ、レストラン&バンケットやダイニングとして多くのお客さまを迎えてきた。

二〇一五年には京都・宇治の老舗茶舗「上林春松本店」とコラボレーションして蔵を改装し、カフェ「サロン・ド・カンバヤシ」をオープン。厚さ二尺、つまり六十センチもの漆喰の白壁に守られた空間でくつろぎながら、お菓子と共に季節ごとの日本茶やコーヒーが楽しめる。

熱をこめておすすめしたいのは、特別な場所でいただくアフタヌーンティー。お客さまは緑と紅葉の入り混じる庭園の飛び石をたどって、「望楼棟」と呼ばれる二階建ての離れに案内されるのだ。みごとな大正建築と庭の眺めを満喫するひととき、どうぞごゆっくり。

● menu（税込）
コーヒー　770円
オリジナルブレンド（煎茶）　770円
抹茶のガトーオペラ 枯山水　935円
カスクルート　880円
アフタヌーンティー　4,000円

● さろん ど かんばやし
京都市東山区下河原通高台寺塔之前上る
金園町400-1 AKAGANE RESORT KYOTO HIGASHIYAMA 1925内
075-551-3633
11:30〜17:00
火休（土・日・祝不定休）
京阪「祇園四条」駅より徒歩12分

上・望楼棟1階。各部屋に網代《あじろ》天井や丸窓、花頭《かとう》窓などが残る。
下・銅製の雨どいは竹の節を象《かたど》っている。銅が緑青《ろくしょう》を吹けば青竹に見える、時間を計算に入れた意匠《いしょう》。

第3章

旅人の記憶

いまも昔も京都は日本中から旅人を迎えてきました。
かつて旅館だったカフェや、
宿泊施設を設けたカフェをご紹介します。

庭園をのぞむ吉田山荘の本館1階「月」の間

大気が透きとおり、小鳥の声の残響が聞こえるほど静かなので、水晶玉の中に入っているような心もちになる「吉田山荘」の昼下がり。

カフェのテーブルに運ばれてきたコーヒーとケーキには、和歌が一首添えてあった。

流麗な筆運びの変体仮名くずし字。なんとゆかしい、と感動したものの悲しいかな、私にはほぼ読めない。よもや「みのひとつだに※」的な意味は含まれていませんよね？

半紙を手に取り、裏に小さく読みかたと大意が添えられていることに気がついた。心優しくこまやかなおもてなしである。

このたびは幣《ぬさ》もとりあへず手向山《たむけやま》
紅葉《もみぢ》の錦《にしき》神のまにまに
（菅原道真『古今和歌集』より）

視線を上げれば、カフェの窓辺に紅葉が照り映えていた。

右・本館２階の客室はそれぞれに異なるしつらい。どの部屋も南に面しており、四季折々の眺望が素晴らしい。この宿に親しんだ多くの財界人や文筆家たちの中には、ドナルド・キーンの名前もある。
下左・カフェの窓から本館の玄関を眺める。

「京都は雅《みやび》の文化が長く伝わってきた土地でございます」

料理旅館としてお客さまを迎える本館の応接間で、大女将の中村京古さん、女将の中村知古さんはにこやかに語った。

お客さまに平安文学の香りやひら

※七重八重《ななえやえ》花は咲けども山吹《やまぶき》の実のひとつだになきぞ悲しき……雨に降られた太田道灌《どうかん》が、粗末な小屋で蓑《みの》を借りようとしたところ、出てきた娘が山吹の花を差しだしたので怒って帰ったが、後日、古歌をふまえたものと知って無学を恥じたという物語。

左・本館の応接間。ステンドグラスの模様に「フシミ」の文字が読みとれる。下・2階の洋間。キャビネットの鏡にランプの淡い光が映る。

がなの美しさをお楽しみいただけたら――そんな思いから、『万葉集』や『古今和歌集』の中から季節にふさわしい歌を選び、自ら筆でしたためてお茶やコーヒーに添えることを長く続けてきたという。

「ヨーロッパのお客さまは短歌や俳句に興味をおもちのかたも多く、英訳を付けてさし上げると喜ばれます。素晴らしい翻訳をされた先生がたのおかげでございますね」

料理旅館は総合芸術文化サロンなのです、と京古さん。食文化はもとより、日本古来の「道」と名がつくもの――書道、茶道、華道、香道、さらには古典芸能や文学、美術、音楽、建築と庭、着物など、あらゆる文化が料理旅館に集約されているのだ。先ほど廊下で一瞬だけほのかな薫香に包まれたのを思い出しながら、深くうなずいた。

吉田山荘は東伏見宮家の別邸として一九三二年に建てられ、一九四八年から料理旅館となった。

訪れる人が最初にくぐる格調高い表唐門。その建築を手がけたのは、法隆寺の「昭和の大修理」で名高い宮大工棟梁、西岡常一である。

昭和天皇の義理の弟君にあたる東伏見宮は、京都帝国大学在学中、および同大で講師をつとめていた時代にこの家から大学へ通ったという。

「宮さまご自身も家の設計に携わられました。窓のステンドグラスの模様が『フシミ』と、カタカナに見えますでしょう？　宮内庁が所蔵する直弧文鏡《ちょっこもんきょう》の縁の文様からデザインを起こされたそうです。直弧文鏡とは奈良の古墳から出土した銅鏡で、玄関の丸いステンドグラスは直弧文鏡の背面の文様を象《かたど》っています」

そんなお話を聞くと、若き東伏見宮の碩学《せきがく》ぶりに驚いてしまう。

華美な装飾はどこにも見あたらない。ステンドグラスの色彩にしても、直弧文鏡にもとづいた薄緑と山吹色の落ち着いた濃淡が選ばれている。

そのかわり、建物は柾目《まさめ》、無節の木曽檜《きそひのき》を用いた贅沢な総檜造《そうひのきづく》りだ。皇室ゆかりの裏菊紋《うらぎくもん》を刻んだ瓦《かわら》や欄《らん》間《ま》。違い棚のある書院造りの座敷。当時の宮家の文化の薫りがそこかしこにしのばれる。かと思えば二階の洋間やバルコニーの床はモダンな寄木で、当時流行のデザインを採りいれた和洋折衷様式である。

〝いつか宿泊してみたい憧れの料理旅館〟だった吉田山荘だが、嬉しいことに本館の隣に「カフェ真古館」がオープンし、コーヒーを飲みながらくつろぎのひとときを過ごせるようになった。

かつて車庫だったというドイツ様式の二階建てを改修したカフェは、本館や門と同様に国の登録有形文化財となっている。

庭でまた鳥がひとしきりさえずり、京古さんは窓辺に立った。

「ここは街中にあるとは思えないほど豊かな自然環境に恵まれておりますし、神社仏閣に囲まれた聖なる土地でもあります。だから皇族のかたがお選びになったのでしょうね。大文字山の送り火もすぐ目の前にご覧いただけます」

その言葉に誘われるままに東山三十六峰の稜線を見渡しながら、由緒ある邸宅を守り、洗練の文化を伝えてきた大女将と女将の心を想像してみる。

● menu（税込）
ブレンドコーヒー　800円
抹茶（お菓子付）　1,300円
お福もち入り
　お福ぜんざい　1,300円
こうもりビスケット　650円
チョコレート
　ケーキセット　540円

● かふぇ しんこかん
京都市左京区吉田下大路町59-1
（吉田山荘敷地内）
075-771-6125
11:00〜18:00（LO17:30）
不定休（完全予約制）
地下鉄烏丸線「今出川」駅よりバス15分、
「銀閣寺道」バス停より徒歩10分

上・2階席から紅葉と山々の眺めを愛でる。

下左・好評のチョコレートケーキは豆腐とカカオで作られており、卵や乳製品を避けている人でも安心。女将がしたためた平安の和歌を添えて。

15

Café Apied

柔らかな灯りに
街道の旅人たちを想う

大原三千院

　京都駅からバスで北へ約一時間。降り立ったバス停は、青々とした里山のひろがりの中にぽつんと立っていた。大気の匂いも時間の流れも、たった一時間でもはや街中からは遠く離れたのだ。

　隠れ里・大原には三千院や寂光院などをはじめとして由緒ある寺社が並んでいる。明治時代にもあちこちから参拝客が訪れていたのだろう。三千院にほど近い「鯖《さば》街道」沿いには明治後期に旅館として建てられた木造二階建てが残り、春秋の週末のみカフェとしてオープンしている。

　往時の旅館は昭和末期まで「ますや」の看板を掲げており、日本画家の土田麦僊《ばくせん》が書生時代に住み込んだり、俳人の高浜虚子《きょし》が何度か逗留したりと、地域では有名な宿泊施設だったという。

右・1階のカフェの内装は和と洋の融合。網代《あじろ》天井や簾《すだれ》天井は茶室から譲り受けている。和紙を用いた柔らかな照明はクスノキヒデオ氏の作品。
上左・枯山水に見立てた端正なケーキ。神戸のコルドンブルーで学んだ京香さんが考案したもの。
左・文芸誌『APIED』。フランス語を元にした造語で「歩いて」を意味する誌名は、古い街道沿いの土地にぴったり。

よく晴れた昼下がり、人影のないひなびた街道。往時の姿をしのんで大改修された建物に白い暖簾《のれん》が下がり、時おりふわりと風をはらんでいる。心をかきたてる光景だ。

　暖簾をくぐってカフェに入る。広々とした空間の先に、窓いっぱいに緑鮮やかな庭が見えていて、庭に射す陽光が室内をもほんのり明るませている。

　庭の眺めを間近で楽しむ大テーブル。黒々とした水屋簞笥《みずやだんす》と昭和時代のテレビを置いた座敷。本棚で仕切られた窓辺のテーブル。どの席に座っても落ち着いて過ごせそうなのだが、ここには単に居心地がいいだけではない、ほんの少し特別な魅力が漂っている。

　カフェを営んでいるのは金城静穂さんと娘の京香さん。静穂さんは個人として美しい文芸誌『APIED《アピエ》』を発行してきた。毎号、一人の作家を取り上げて、多彩な執筆者たちにその作家に関する評論やエッセイを依頼する。カフカ、萩原朔太郎、澁澤龍彦……書架に並ぶ本や『APIED』が、文字の世界を愛する人々に小さな瞬きを送ってくるのだ。

カフェの製菓や接客を担当する京香さんが、大改修にまつわるお話を聞かせてくれた。

旅館は昭和末期に廃業して、一時期は大原名産のしば漬け生産販売所などになっていたそうだ。一九八七年に不動産会社が取得し、そのまま長年放置していたものを二〇〇〇年にリノベーション。

「当初はコウモリが棲んでいたくらいで、廃屋同然だったんですよ」

躯体《くたい》や間取りは古いものをいかし、

眺めのいい2階には、かつての旅館を彷彿とさせる和室が続いている。襖《ふすま》を取り払えば大広間に変身。

天井や庭の灯籠《とうろう》などは、解体される町家や数寄屋《すきや》造《づく》りの茶室などから譲り受けたという。一階をカフェにして人を迎えいれているのは、建物の寿命を延ばすためでもあった。

カフェは夕方に閉めるが、夜、二階にもすべて灯りをつけて外から眺めると昔の旅館さながらの風情になる、と京香さんは言う。夜道に燈火を見つけて安堵した、過去の旅人たちの顔が見えるような気がしてくる。

● menu（税込）
コーヒー　450円
各種紅茶ポットサービス　700円
ブルーベリーのレアチーズケーキ　450円
キッシュ　600円
ベーグル　600円

● かふぇ あぴえ
京都市左京区大原大長瀬町267
075-744-4150
10:00～18:00
4～6月、10月～11月の金・土・日・祝のみ営業
JR・ほか各線「京都」駅よりバス1時間10分、「大原」バス停より徒歩10分

大原には朝、濃霧がたちこめる日がある。「仕込みのため暗いうちから起きたりしますが、霧で一面が真っ白になっていることがあります」と京香さん。それも含めて、お客さまを迎える準備の時間が好きだと言う。

16

きんせ旅館

京都最古の花街で
揚屋の幻影に遊ぶ

島原

夏の終わりの長い夕暮れどき、まだ大気の中に残っている熱に体がゆらめくのを感じながら京都最古の花街、島原を歩く。

江戸時代中期に最盛期を迎えた島原は、一流の芸妓を多数抱えた格式高い花街であり、京都の文化サロン的役割を担っていた。幕末のヒーローたちもこの街を闊歩《かっぽ》したが、嘉永の大火以降はしだいに廃れていき、現在でもお茶屋として営業を続けているのは「輪違屋《わちがいや》」一軒のみ。その輪違屋と、残存する大門、および現存する唯一の揚屋《あげや》建築として国の重要文化財に指定されている「角屋《すみや》」の前を通らなければ、島原の歴史を知らない旅行者の目には静かなありふれた住宅地に映るかもしれない。

目的地である「きんせ旅館」は、輪違屋のすぐ近くに残る、幾つもの時代を重ねてきた木造建築。引き戸を開けた瞬間に息を呑んだ。そこはモザイクタイルの床と鳳凰《ほうおう》のステンドグラスに彩られた、仄暗《ほのぐら》く華麗な……つまりはいかにも島原の歴史にふさわしい玄関ホールだった。

奥には和風の外観からは想像のつかない豪奢《ごうしゃ》な洋間があり、カフェ&バーとして使われている。コーヒーとケーキを注文して窓辺の席に腰を下ろした。

オーナーの安達浩二郎さんによれば、この旅館は二百年以上前に揚屋として建築されたもので、近年、来歴の調査がおこなわれたものの棟札が見つからず、正確な築年数は不明のままだという。

揚屋は大正後期から昭和初期の間に幕を下ろしたが、その際に安達さんの曾祖母が買い上げて旅館へと改

可能な限り元の姿を残して改修された美しいカフェ。花街の揚屋だった記憶、昭和の旅館だった記憶が折り重なっている。ここに修学旅行生が泊まったこともあるそう。

装した。曾祖母の父と弟が棟梁だったのだという。随所に残されているステンドグラスや泰山《たいざん》タイルは、その当時のものだ。

旅館は六十年以上にわたって建物に第二の歴史を刻んだが、一九九一年に廃業し、以来、使われないままに眠り続けてきた。それを祖母から譲り受けたのが安達さんである。改修をおこない、二〇〇九年に一階をカフェ&バーとして甦《よみがえ》らせた。

カフェとなった天井の高い洋間は、旅館時代には社交ダンス室や、まだテレビが珍しかった頃にみなが集まって放送を見る〝テレビ室〟として使われたこともあるそう。

コーヒーを啜っていると、シャンデリアの光が弱まる天井の隅で、土地の精霊が夜光虫のように明滅している気配を感じはしないだろうか。

［右ページ］右・玄関ホールの窓辺。
右下・カフェの壁の一角に残された温度計には「金清」の文字がある。これが往年の旅館の名前だったと思われる。「もともとカフェを開こうと考えていたわけでも、古い建築に興味があったわけでもないんですよ」とオーナーは語るが、祖母から譲り受けた建築を再生するために建築事務所 expo にリノベーションを依頼。歴史を重ねた基礎部分をいかしながら新しい意匠《いしょう》を違和感なく組みあわせ、大正・昭和・平成の各時代の魅力が共存する見事な空間が生まれた。

● menu（税込）
コーヒー（ブラジル）　500円
コーヒー（ホンデュラス）　650円
カフェオレ　600円
本日のケーキ　600円
チーズスコーン　600円

● きんせりょかん
京都市下京区西新屋敷太夫町80
電話番号　非公開
17:00〜22:00
金のみ営業　※最新情報はInstagramを参照
JR「丹波口」駅より徒歩10分

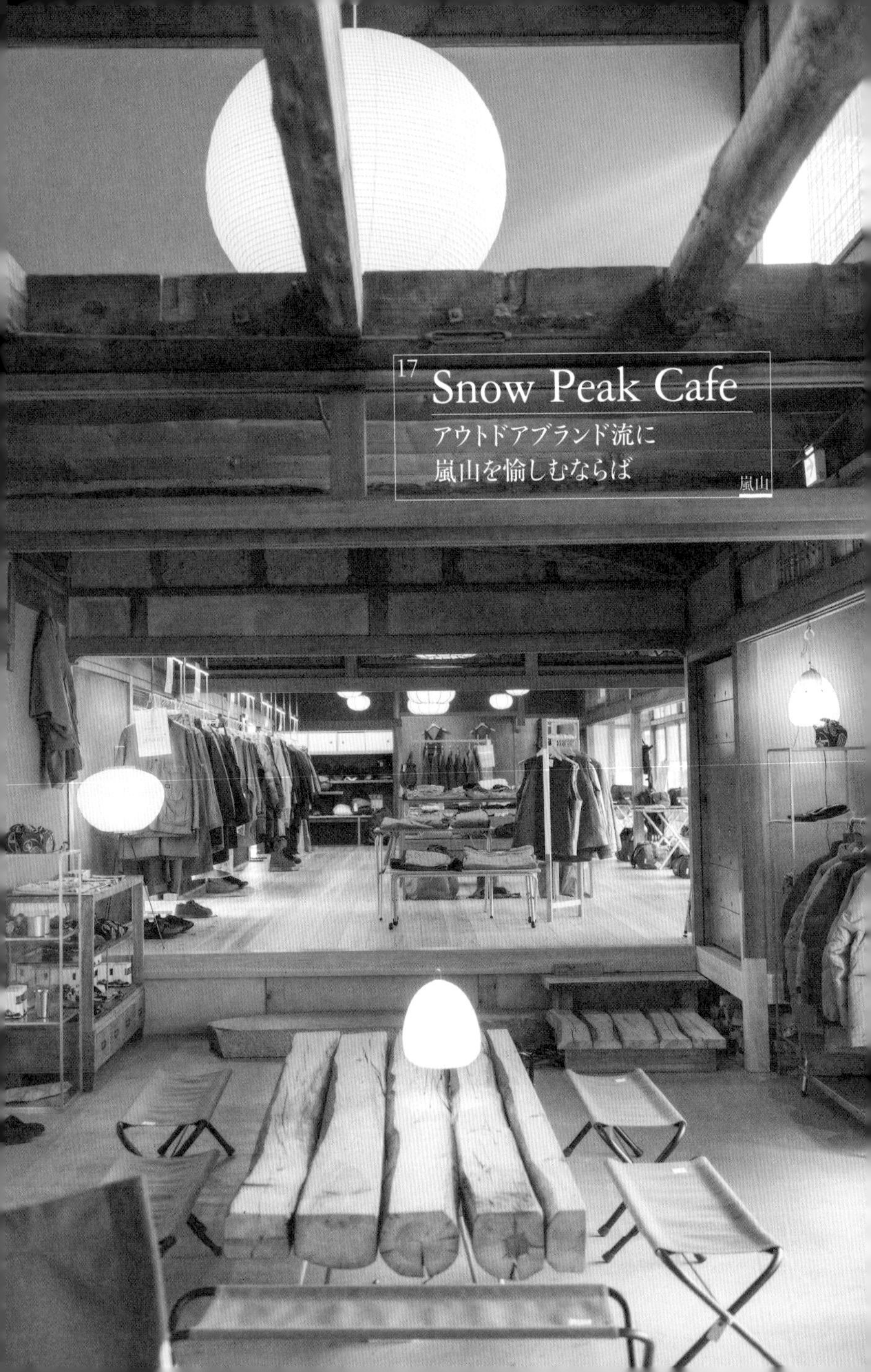

17
Snow Peak Cafe
アウトドアブランド流に
嵐山を愉しむならば

嵐山

焚き火とコーヒー。想像するだけでも肩や背中の緊張がゆるむような魔法の言葉である。

宿泊したホテルのパンフレットにあった言葉を思い出す。旬の食材のなかで、味や香りの相性がいい組みあわせを京都では「出会いもん」と呼びます、と。

初冬の焚き火とコーヒーなど、きっと最高の出会いもんのはず……。そんなことを考えたのは、二〇二〇年に嵐山にオープンしたばかりのスノーピークカフェを訪れ、〝野遊び欲〟が刺激されたせいだった。

新潟県燕三条に本社を置くスノーピークは、国内外に多くのファンを持つアウトドアブランド。優れた機能性とデザイン、完全国内生産による高い品質といった商品そのものの信頼性に加えて、キャンプの愉《たの》しみを伝えるメッセージも雄弁で、都市生活者を野山や森へと手招きする。

「人生に、野遊びを。」

これはカフェでコーヒーを注文したとき、紙コップに手書きで添えられていた言葉だが、スノーピークのコーポレートメッセージでもある。なんて心をのびのびと解放してくれる響き。

チェアに腰を下ろして、コーヒーを飲みながら店内全体を眺める。

ここ「スノーピークランドステーション京都嵐山」は、大正時代の料理旅館をリノベーションしたスノーピークの体験型施設である。ストアにはカフェが併設されており、オリジナル抹茶ドリンクやコーヒー、スイーツが楽しめる。

吹き抜けの窓から曇り空の光が柔らかに降りてくる。築百年の建物の

元は大正時代の料理旅館。大事に残された欄間の透かし彫りも見どころのひとつだ。元の建物はもっと奥の敷地にあったが、リノベーションにあたって道路に面した位置に移築された。

柱や繊細な欄間、左官壁に囲まれて、キャンプギアや衣服が並んでいる。

　視線をひかれたのは、京都の伝統工芸メーカーとのコラボレーションから生まれたアイテムの数々。たとえばコーヒー豆を湿気から守る開化堂の美しい茶筒は、携帯しやすいコンパクトなサイズで二人分、約三十グラムのコーヒー豆が入るよう設計されている。憧れの「二人で焚き火とコーヒー」だ。

　庭には建築家・隈研吾氏と共同開発したモバイルハウスが設置されており、宿泊して嵐山をより深く楽しむこともできる。スノーピークを通してその土地の伝統と自然に出会う。

　そんな体験が待っている。

上・カフェカウンター。
中・長野県白馬村で作られるポークフランクのホットドッグ。白馬村にも拠点を構えるスノーピークは、地域の生産者とのつながりも深い。
下・調理器具が並ぶ一角。店内には着物専門店「やまと」が展開する「YAMATO Tsunagari Gallery」もあり、紬《つむぎ》の着物をレンタルして観光することも可能。

上・中川政七商店、茶論とコラボした野点《のだて》セット。
下・隈研吾氏デザインの小さなモバイルハウス「住箱《じゅうばこ》ーJYUBAKOー」は、移動可能な“旅をする建築”。シャワールームとトイレを備え、調度品に京都の伝統工芸を採りいれた特別仕様。ここに宿泊して、嵐山の野遊びを思う存分楽しんでみたい。

● menu（税込）
ブレンドコーヒーM　520円
カフェラテ　560円
ケーキ各種　420円〜
本日のスープ　600円
ホットドック　800円

● すのー ぴーく かふぇ
京都市右京区嵯峨天龍寺今堀町7
075-366-8954
10:00〜19:00（LO18:30）
第3水休
JR「嵯峨嵐山」駅より徒歩1分

18

ウサギノネドコ

自然史博物館のような空間で
水晶パフェに見惚れる

西大路御池

右・ショップのディスプレイ。
上・水晶パフェ。季節や展示に合わせて瑠璃色のラピスラズリのようなケーキも作られ、ファンを喜ばせている。透明な大テーブルを配したカフェスペースの奥に、子ども連れのお客さまもくつろげる座敷がある。

果実の上で水晶がふるえ、きらめいている。本物の水晶を舌にのせるかのようなときめき！　スタッフが錦《きん》玉《ぎょく》羹《かん》を手作業でひとつひとつカットして作る水晶パフェは、「ウサギノネドコ」の人気メニューだ。

　ウナギの寝床のような二軒長屋をリノベーションしたこの空間は、ショップとギャラリー、宿、カフェの複合施設。「自然の造形美を伝える」をテーマにしたショップでは、標本やオリジナルの標本プロダクツを展示販売している。

　世界中から蒐集した植物や鉱物、動物の骨格の標本が並ぶ店内は、まるで手のひらにのる驚異を集めた自然史博物館のよう。扉を開けると、幼年時代のように好奇心で両足がうずうずしてくる。

　ウニの骨格標本がこんなにも美し

いだなんて、初めて知ったのだ。ミルク色や薔薇色の地に真珠をちりばめた、世にも精巧な宝冠を思わせる。オリジナルの「Sola cube」は、アクリルの透明な立方体に花や種子を閉じ込めた人気商品だ。

店主の吉村紘一さんがこのお店を開いたのは、空き家になっていた一九三九年築の長屋を残したいという思いからだった。

「この家は宮大工の棟梁だった曾祖父の吉村富三郎が、弟子とその家族のために建てたものなんです」

空間のテーマである自然の造形美に目覚めたきっかけは、街路樹のモミジバフウの実だったという。

「自然のかたちが人間のデザインを凌駕することを痛感しました。お客さまにもここでセンス・オブ・ワンダーを感じていただけたら」

宮大工だった吉村さんの曾祖父が建築を手がけた二軒長屋。2階は和室をそのまま残して、貸し切りの宿にしている。

● menu（税別）

コーヒー　500円

ハーブティー各種　680円

水晶パフェ　890円

鉱物スイーツ・アソート（土・日・祝限定）　1,350円

週替わりランチプレート　1,000円

● うさぎのねどこ きょうとてん

京都市中京区西ノ京南原町37

075-366-6668

11:30〜19:00（LO18:00）

木休

地下鉄東西線「西大路御池」駅より徒歩3分

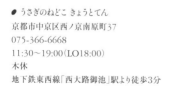

19

本日の

「パンとエスプレッソと」の新しい表情

丸太町

坪庭の緑が目に快いカフェで牛カツサンドとスープを楽しむ。注文を受けてから調理するので、いつでも揚げたてがいただける。メニューはほかにクロックムッシュやケーキ、アフォガードなど。

● menu（税込）
アメリカーノ　550円
焙煎抹茶ラテ　650円
チョコテリーヌセット　1,400円
牛カツサンド　2,400円

● ほんじつの
京都市中京区指物屋町371
075-746-2995
9:00〜18:00（LO17:00）
不定休
地下鉄烏丸線「丸太町」駅より徒歩5分

二〇二〇年秋、築百三十年以上になる町家をリノベーションして、宿泊施設とベーカリー＆カフェがオープンした。

藍色の暖簾が下がる入口は、衣料品メーカーのワコールが展開する一棟貸しの洗練された宿。白い暖簾が下がる入口は、人気店「パンとエスプレッソと※」の京都における三店舗目、「本日の」。こちらは宿泊者ではなくとも楽しめる。

ベーカリーの奥の小さな坪庭を通り抜けると、入口からは想像のつかない、天井の高いカフェ空間が待ち受けている。

「牛カツサンド」は充実した食べごたえの一皿。揚げたての柔らかな牛カツ、牛カツと厚みを揃えた専用のパン、そして自家製マスタード。最高の相性を誇る組みあわせだ。

※46ページに掲載

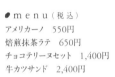

第4章

コーヒーの時間

旅の一日にも毎日の暮らしにもコーヒーは欠かせないもの。
素敵な時間が過ごせる自家焙煎店やコーヒーショップへご案内します。

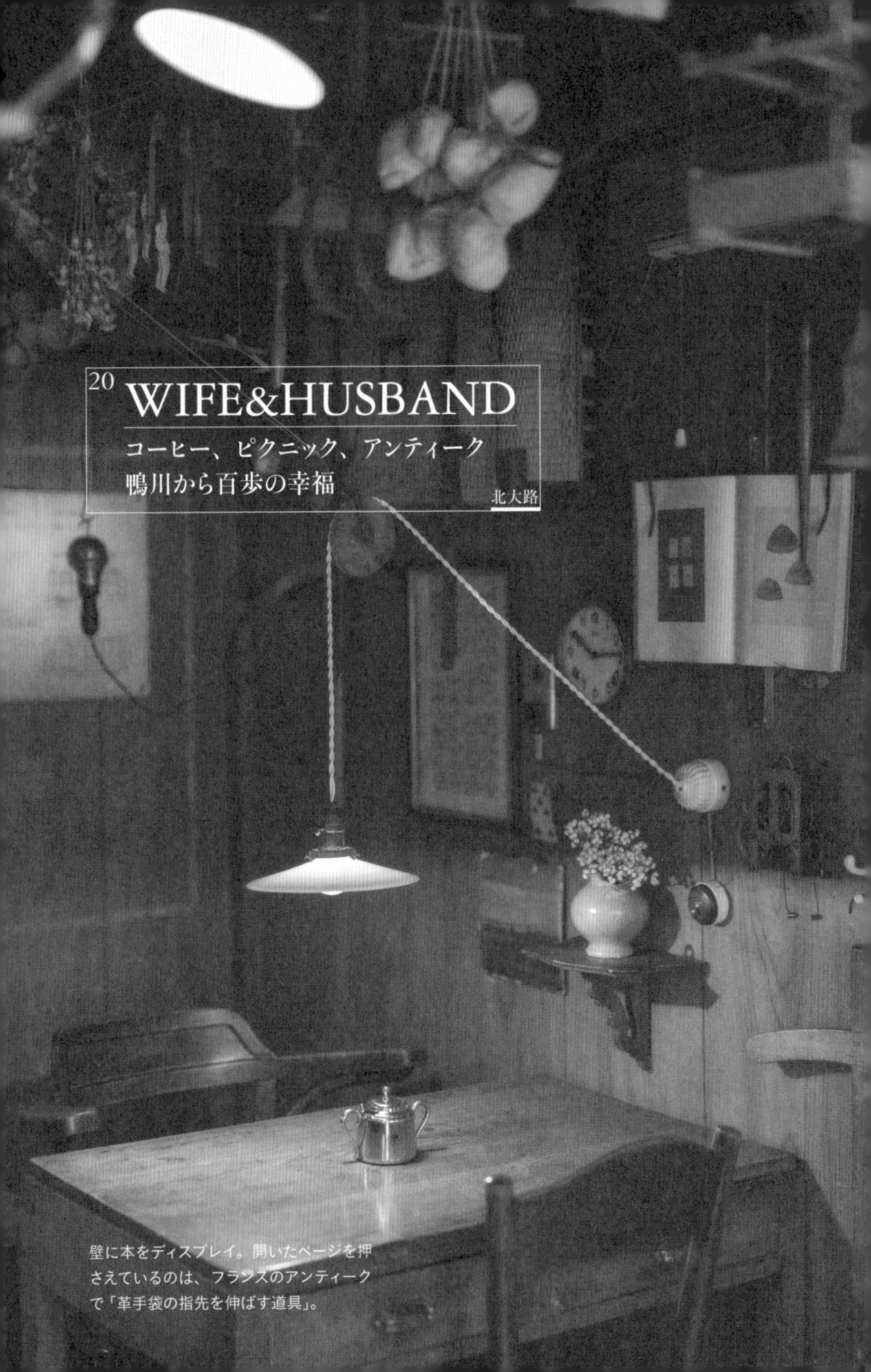

20 WIFE&HUSBAND

コーヒー、ピクニック、アンティーク
鴨川から百歩の幸福

北大路

壁に本をディスプレイ。開いたページを押さえているのは、フランスのアンティークで「革手袋の指先を伸ばす道具」。

右・春秋にはコーヒーとお菓子を詰めたバスケットを受け取り、テーブルや椅子をレンタルして、すぐそこの鴨川でピクニック！
左・コーヒーを抽出する恭一さん。

鴨川の土手から百歩、のんびり歩いた住宅街の細い路地に、小さな美しいカフェがある。

店内は七、八人も座れば満席。それでも日本中はおろか海外からもたくさんの人が「W＆H《ワイフ＆ハズバンド》」の幸福を味わうためにやってくる。

ガラス扉に綴られた文字が「コーヒー、ピクニック、アンティーク」と、このカフェの三要素を告げている。自家焙煎するコーヒー。バスケットに魔法瓶入りのコーヒーとお菓子を詰めて、鴨川べりの緑の中で楽しむピクニック。そして店主の吉田恭一さん・幾未さん夫妻が好きで集めてきた〝古物《ふるもの》〟の数々。仲睦まじい二人はお店を始める前からこの家で暮らし、その三要素を日常的に楽しんできたのだという。

十二月のとある日の開店時刻。扉

空き家だったこの建物に出会ったとき、吉田さん夫妻は「ここだ！」と直感して顔を見合わせたという。価値観を共有し、同じ方向を見つめて歩んできた本当に素敵なカップルだ。

が開き、並んでいた数名のお客さまが招き入れられた。

小さな空間に午前の光が射して、古いテーブルや椅子をところどころ薄金色に浮かび上がらせている。置かれているのは入念に選ばれた美しいものばかりだ。滑車から下がるランプ。古い麦わら帽子。鏡。ゼンマイと歯車。この空間以外で出会ったら見過ごしてしまいそうな、用途不明の不思議なものたち。

古物の小宇宙を堪能した後で、壁をよくよく見て気がついた。この合板は、それにあのメラミン化粧板のカウンターは……失礼ながら昭和の安普請《やすぶしん》の食堂のような……？

「そうなんです」と吉田さん夫妻は笑った。この家は戦前に建てられたもので、ある時期には増築部分がおでん屋さんとなり、それから十年ほど空き家になっていたそう。

「決していい素材ではないけれど、染みついた経年の味わいがあるのでできる限りそのままにしたいと思ったんです」

およそ魅力に乏しいと思える元の素材に、二人はいったいどんな魔法をかけたのだろう？

「美しいと見えるか、ゴミと見えるかはその人のものさし次第。僕が古物が好きになった頃、大好きな古道具屋さんに行くたびに、まだ見えていなかったものにはっと気づかせてもらっていました」

鍛え上げられた美のものさしと、「ただただ、お客さんが喜んでくれたら僕らも嬉しい、それだけです」という心、そしてその心の丁寧な届けかたが、世にも幸福な空間を生みだしたのだ。

恭一さんは紅茶専門店、幾未さんはティールームで、それぞれ十年にわたって経験を重ねてきた。

紅茶への造詣《ぞうけい》をいかしながら焙煎や抽出を独自に探究する恭一さんは、生活のなかでコーヒーを飲むシーンを想定し、理想の味わいを組み立てる。通販のコーヒー豆にも時間をかけて手書きの手紙を添え、受け取った人を感激させている。

製菓と接客で活躍する幾未さんは、見ただけで嬉しくなるような素敵な笑顔の持ち主。

「いらした人に、いかに早く〝歓迎されている〟と感じていただけるかを大切にしています」と幾未さん。いまはマスクで表情がわかりにくいので、最初の「いらっしゃいませ」のひと声に意識を集中させるそう。

粉雪が一瞬だけちらついた朝、思い立ってW&Hを訪れてみた。開店五分前、暗い窓の奥に小さなミモザ色の灯が灯っている。

ふわりと、何か遠いものに憧れていた昔の感情や、もう存在しない大好きなカフェの記憶が浮かんできた。頭のどこかにある、これまでに体験した美しい瞬間をしまいこんだ箱。W&Hがその箱のふたをそっと開けてくれたのだ。

● menu（税別）
コーヒー　550円
カフェオレ　600円
ケーキ　400円
トースト（バター）　350円
トースト（ハニーチーズ）　450円

● わいふあんどはずばんど
京都市北区小山下内河原町106-6
075-201-7324
10:00〜17:00（LO16:30）
不定休（予約優先）
地下鉄烏丸線「北大路」駅より徒歩4分

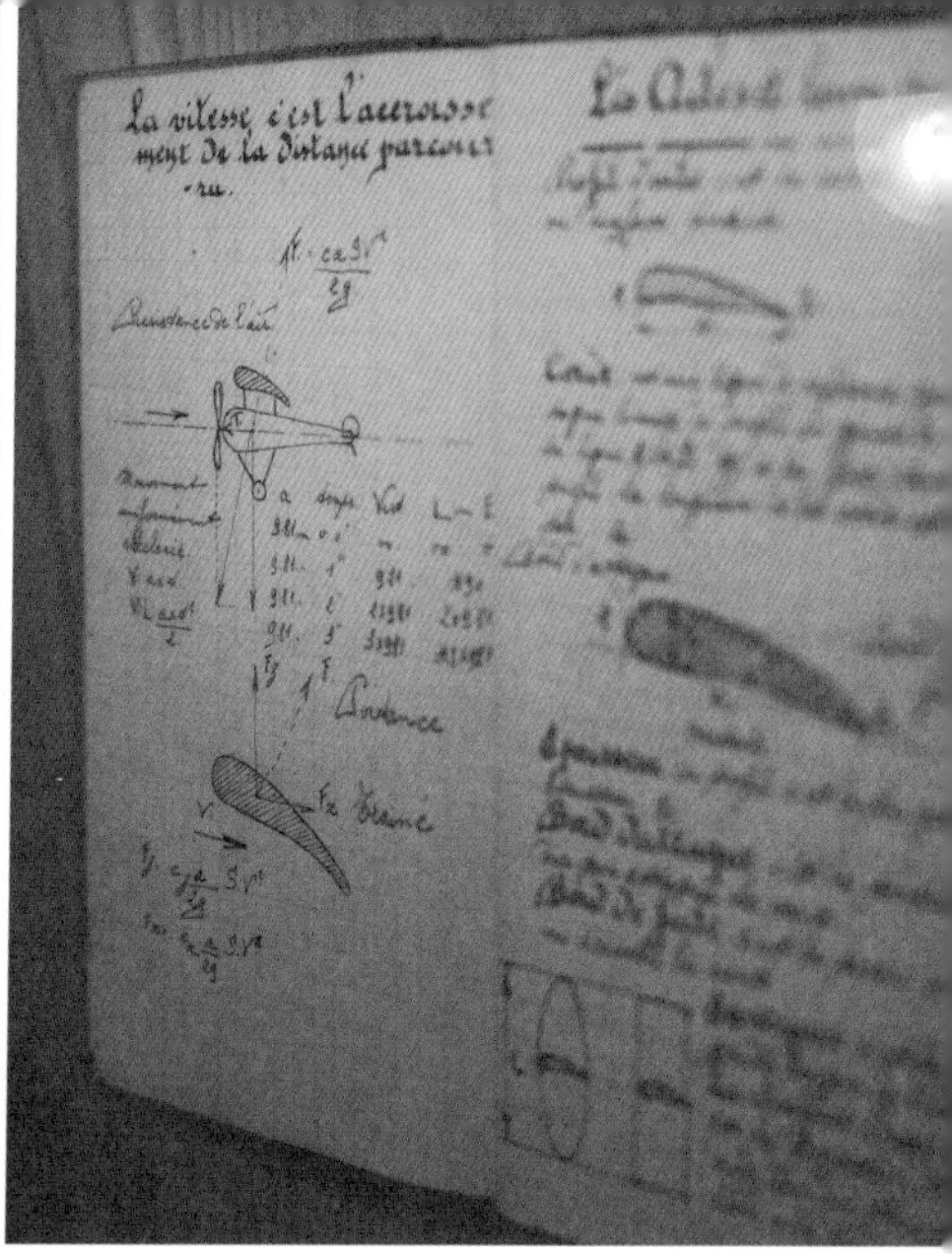

上右・学生の筆跡が美しいノートを額装して壁掛けに。
上左・照明の多くは恭一さんが製作。
下右・コーヒー豆はギフトにも人気。
下左・ハニーチーズトーストはブルーチーズとはちみつがとろける逸品。ピューター皿とカトラリー、マグカップにも「これでなければ」という思いが詰まっている。

21

Roastery DAUGHTER / Gallery SON

WIFE&HUSBANDのコーヒー焙煎所とギャラリー

七条堀川

● menu（税別）
コーヒー豆7種200g箱入り　各1,400円
W&H COFFEE GIFT SET2種　3,300円
W&H COFFEE GIFT SET3種　4,800円

● ろーすたりー どーたー/ ぎゃらりー さん
京都市下京区鎌屋町22
075-203-2767
12:00〜18:30
不定休
JR·ほか各線「京都」駅より徒歩7分

W&H《ワイフ&ハズバンド》※開店から三年後の二〇一八年末、京都駅に近い堀川通沿いに大きな焙煎所とギャラリーがオープンした。カフェの人気が高まるにつれて、小さな焙煎機では間に合わなくなったのだ。

「W&Hだけでは難しかった『コーヒー、ピクニック、アンティーク』の三つが実現しました」と、店主の吉田恭一さん。妻と夫、娘と息子という店名は、シンプルな事実であると同時に豊かな比喩《ひゆ》でもある。

一九六三年竣工の三階建てビルの外壁に、白い「COFFEE」の文字が浮かび上がる。吉田さんはビルの入口に十九世紀のものらしき英国の観音扉を設置した。風雨に晒されて無数にひび割れた木の表情が、扉に手をかける人々を魅了する。

一階は焙煎と販売のスペース。二

※76ページに掲載

［右ページ］右・カウンターに立つ恭一さん／フジローヤル製10キロ釜の焙煎機とサイクロン。
上右・無骨な鉄骨階段も魅力に変えてしまうセンス！
下右・2階ギャラリーに並ぶ雑貨。
下中・吉田さんが大事にしている古いアルミの弁当箱。梅干しの酸で穴が開いたのだろうか？

階は恭一さんがセレクトした衣服や食器などが並ぶ〝古物〟のギャラリー。ゆるぎない世界観を確立したW&Hと同じ空気感が漂っている。

恭一さんにアンティークの魅力を訊ねると、宝物だという戦前のアルミ製お弁当箱を見せてくれた。腐食して穴だらけになったふたに、自然に通じる美が見いだせるという。

「これは人が意図したデザインではなく、長い時間の経過のなかで自然に生まれたもの。だからこその美しさがあります。アンティークを所有する喜びは、いわば夕日の美しさを所有する喜びです。弁当箱としての人生は雑に扱われて幸せじゃなかったかもしれないけれど（笑）、ここにたどりついて大事にされている」

その穴から、人間の力の遠く及ばない時の流れと偶然がのぞいていた。

22
The Unir coffee senses

ウニールの最上級カフェは
京都の魅力を凝縮した地区に誕生

八坂神社

右上・高台寺から清水寺へ通じる石畳の路地に立つザ・ウニール。一念坂《いちねんざか》、二寧坂《にねいざか》、産寧坂《さんねいざか》と続く風情に富んだ坂道は、多くの人が思い浮かべる“ザ・キョウト”の風景だ。
右下・京都・八幡市の渋谷農園が生産するブランドいちご「京の雫」を使ったお重。
上・坪庭をはさんだ「Coffee Senses Bar」はコーヒーカクテルが楽しめる特別な一室。重厚で洗練されたしつらい。

果実や花のようなフレーバーをもつコーヒーと、小さなお重に並ぶつややかな完熟イチゴ。その下にはババロアと白ワインのジュレが敷き詰められている。一日五食限定の麗しいスイーツだ。

青いスワンチェアに座ってこの完璧なセットを前にすれば、多少の観光疲れなど消えてしまう。

ここはスペシャルティコーヒー専門店「ウニール」が二〇二〇年末にオープンさせた新店舗「ザ・ウニール」。高い天井から下がるイサム・ノグチの照明が、和紙を透かして柔らかな光を滲《にじ》ませている。

築百年を超えた風格ある木造家屋にコーヒー豆を挽く音が響き、〝トップオブトップ〟、最上級のコーヒーの香りが漂っている。

ウニールは京都・長岡京の小さな

自家焙煎店からスタートして、関西のスペシャルティコーヒーシーンを牽引してきた第一人者だ。高品質なコーヒーの魅力を伝えつづけ、現在では大阪店や名古屋店などを含む五つの店舗を構えている。

その魅力の集大成となる一軒こそが、京都観光の中心地に構えたこのカフェなのだ。高台寺のそば、風情ある石畳の細道が続く一念坂という場所も、京都市の伝統的建造物に指定された建物も、取り扱うコーヒーとスイーツも、すべてにおいてウニールの最上級である。

オーナーの山本尚さんが今回の出店を決断したのは、新型コロナ禍の真っ最中だった。ロースタリーカフェの多くが店舗を閉めてコーヒー豆の通販のみで営業を続けるなか、大胆で意欲的な挑戦だと思う。

築100年以上の母屋と門塀は京都市指定伝統的建造物。イタリア総領事公邸やチョコレート店として用いられた時期もある。ウニールのオーナー、山本尚さんは各国のコーヒー生産地へ買い付けに出かけ、COE（カップ オブ エクセレンス）国際審査員としても活躍している。ヘッドバリスタの山本知子さんは、バリスタチャンピオンシップで優勝や準優勝を重ねてきた素晴らしい実力の持ち主。ザ・ウニールで最高の一杯を。

「喫茶店は日常生活に必要なものですから、いい機会と捉えました」と山本さん。長岡京の本店はかつて豆の販売が多忙をきわめ、喫茶スペースをなくした時期があるので、喫茶への想いはひとしお。観光客が少ないときにこそザ・ウニールを作り込んで、おいしいコーヒーを世界に発信できる場所に育てたい、という力強い言葉を聞いた。

● menu（税込）
コーヒー（アメリカーノ）　450円〜
渋谷農園の美しいいちごがあふれるお重　1,800円
触感で味わう、大人のもっちりコーヒーフレンチトースト　850円

● ざ うにーる こーひー せんしず
京都市東山区桝屋町363-6
075-746-6353
平日 11:30〜17:30（LO17:00）
土・日・祝 11:00〜18:00（LO17:30）
水・第1・第3木休
京阪「祇園四条」駅より徒歩16分

23

二条小屋

風呂なし1Kの小さな家が
愛される珈琲空間に

二条城前

神戸の「萩原珈琲」の豆を使用。オリジナルブレンドはしっかりとしたコーヒー感をもちながら、すっと消える爽やかさ。小休憩にふさわしい。

二条城にほど近い住宅街の一角。駐車場の奥に古い小屋が取り残されて、軒先に「COFFEE」の看板を掲げている。

物置小屋だったのかしらと思うような質素な風体だが、歳月を経てただならぬ魅力を漂わせている。

じつはこれ、一九四六年に「風呂なし1K」として建設された、七坪にも満たない狭小住宅なのだ。十年近く空き家のまま荒れ果てていた建物を借り、珈琲店「二条小屋」を開いたのが西来昭洋さん。設計事務所で働いていた経験をもとに、自らの手で土壁や古い木の質感をいかして改修をおこなった。

木枠の扉を開けて店内に入ると、老朽化・洗練・可愛いが三《み》つ巴《どもえ》になった空間に驚かされる。

立ち呑みのカウンター。黒く煤《すす》けた壁に光る金色のトランペット。低い天井の梁《はり》。店主の頭上に吊られた実用的、かつ視覚的効果の高いコーヒードリッパーの列。

レトロという言葉もノスタルジックという言葉もしっくりこない、ボロくてスタイリッシュで大人の可愛らしさが漂う素敵な空間だ。

コーヒーはお客さまの正面にカップとドリッパーをセットし、目の前で抽出してくれる。その無駄のない、一見淡々とした動きがじつは名人芸なのだ。ポットの先から、お湯が螺《ら》旋《せん》を描きながらコーヒー粉の上に注がれる。仕事の合間や帰宅前の息抜き。そんなシーンの小さな幸福のために考え抜かれた一杯である。

西来さんは学生時代に世界中の小

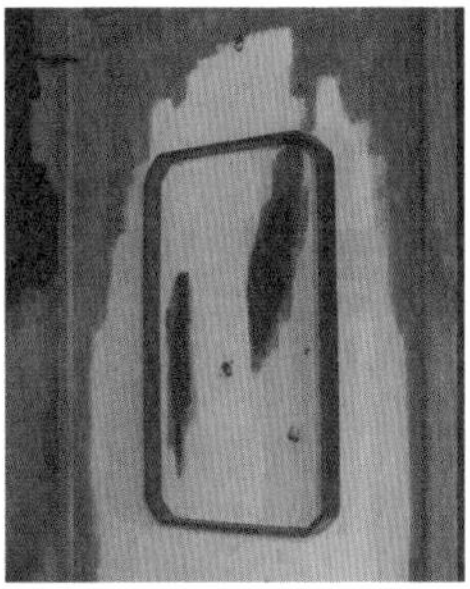

上・壁のアート。
下・天井裏から出てきた古いアルバムの一ページ。最後にこの家で一人住まいをした高齢の女性の若き日の写真だと思われるが、当時を知る人もなく真相は不明。

上・JBLのスピーカーからジャズが流れる。西来さんは季節や時間帯、店内の空気感に合わせてレコードを選んでいる。
下・ドイツ在住のお客さまから贈られたというヴィンテージのカップ&ソーサー。店内に何気なく置かれたひとつひとつのものに、小さな物語がある。

さな空間を紹介したテレンス・コンランの著書『small spaces』に心惹かれ、小さいながらも落ち着く空間に魅力を感じてこの家を選んだ。
台風のたびにお店のファンに心配されるような老朽家屋ゆえ、夏は暑いし冬は寒い。そこにあえて火鉢で暖をとるなどの遊びを加えて、「楽しみながら苦労をしています」と言う西来さん。いつかは解体されてしまう小空間に、「珈琲店」なる存在のあらゆる魅力が詰まっている。

● menu（税込）
ドリップコーヒー　410円〜
青森の林檎ストレートジュース
400円
和歌山の蜜柑ストレートジュース
450円
キャロットケーキ　210円〜
ホットサンド　330円〜

● にじょうこや
京都市中京区最上町382-3
090-6063-6219
11:00〜18:00（木〜土は〜20:00）
火休+不定休
地下鉄東西線「二条城前」駅より
徒歩すぐ

COFFEE
COFFEE
二条小屋

24

walden woods kyoto

大正時代の洋館を
ミニマルな白い森に変えて

五条

塗師屋町《ぬしやちょう》や仏具屋町《ぶつぐやちょう》など、職業に由来する古い町名が続く五条界隈。静かな通りを歩いていくと、小さな公園に面した路地にひときわ目を引く開放的な建物が現れる。二〇一七年に大正時代の洋館をリノベーションして誕生した、人気のロースタリーカフェである。

　ファサード※はシンプルな白一色。しかし、よく見れば純白と淡いグレーのカモフラージュ柄が施されており、朝から夕方へと太陽が移動するにつれて豊かに表情を変える。日没後にはファサードが蒼く沈み、入れ替わりに店内が発光して美しく浮かび上がるのだ。

　このスタイリッシュな空間をめざして、わざわざ遠方から訪れる人々も多い。お客さまは一階でコーヒーを受け取り、ランタンの灯る白い階段を上がっていく。

　二階には驚きの空間がひろがっている。テーブルも椅子もない真っ白な空間のぐるりに、階段状のベンチシート。窓から斜めに落ちかかる陽射しとランタンの列が、白い世界に光のグラデーションを作る。人々が思い思いの場所に腰を下ろして自由にコーヒーを楽しむ姿は、森の中で目に見えない焚火を囲んでいるようでもある。

　空間プロデュースとデザインを手がけた嶋村正一郎さんは、ヘンリー・ソローが省察を綴った『森の生活』を愛読しており、ウォールデンの湖のほとりで自然とともに生きるソローの世界観をこの空間に投影した。

　ロゴのモティーフは朝靄《あさもや》に浮かぶ三日月である。その静謐《せいひつ》な風景に思いを馳せながら、コーヒーを一杯。

上・夕暮れどきの一場面。アパレルのデザイナーだった嶋村さんは20年ほどフランスで暮らしてきた。1階の壁に並ぶヴィンテージの工業用ランプや、カフェで使用する70年代の軍用食器はいずれもフランス製。
右・1960年代のドイツ・プロバット社の焙煎機を用いて、豆本来の持ち味をいかすようローストしている。

menu（税込）
ウォールデン　ブレンド　400円
エスプレッソ　350円
チャイ　600円
クッキー　200円
カヌレ　250円
チョコケーキ　350円

うぉーるでん うっず きょうと
京都市下京区栄町508-1
075-344-9009
9:00〜18:00
不定休
地下鉄烏丸線「五条」駅より徒歩6分

※建物の正面デザイン

25

珈琲焙煎所 旅の音

元美術学校から発信する コーヒー生産者の声

元田中

「コーヒーの木には『いっしょに休みましょう』という花言葉があります」――旅の音はそう語りかける。
下右・コーヒーをドリップする北辺さん。大学生活スタートを機に滋賀県から京都市内に引越し、街に根づいた喫茶店文化に魅了された。
下左・人気メニューのコーヒーゼリーパフェ。

コーヒーの焙煎と販売をおこなう「旅の音」は、一九六〇年代に建てられた元美術学校の教室にある。

焙煎機の音が響く午後の店内に、お客さまがふらりと入ってくる。豆を買いに来る人。カフェスペースでコーヒーとお菓子を楽しむ人。スタッフが豆の種類を丁寧に説明する声が聞こえる。

二十代のオーナー、北辺佑智さんはミャンマーやベトナムなどに足を運び、豆の買い付けだけではなく、コーヒー生産者の技術支援にも取り組んできた。店名に込めた思いは、知られざるアジアの小規模な生産者の声を伝えること。

各地のコーヒー農園から京都まで旅してきた良質な生豆を、浅煎りから深煎りまで、甘みが出るように焙煎して飲む人に届ける。良き「つな

元美術学校の建物全体が「THE SITE」としてリノベーションされ、教室跡に古道具店やクリエイターのアトリエなどが並んでいる。

● menu（税込）
コーヒー各種　500円～
金木犀香るカフェオレ　650円
旅の音のコーヒーゼリーパフェ　900円
生ハムとクリームチーズのサンドイッチ　780円
白味噌レモントースト　650円

● こーひーばいせんじょ たびのね
京都市左京区田中東春菜町30-3 thesite A
075-703-0770
12:00～18:00
月休
叡電「元田中」駅より徒歩5分

ぎ役」としてバトンを渡すのがお店の役目だ。

感激したお客さまから「ミャンマーの生産者に渡してほしい」と手紙を預かり、品質向上に真摯に取り組んできた生産者に大喜びされたこともあったという。

昔ながらの喫茶店文化にも心を寄せる北辺さん。二〇二〇年末には消えゆく喫茶店のつなぎ役となり、大阪でもう一軒のお店を始めた。

そこは四十四年の歴史に幕を下ろした喫茶店。解体されて街角から懐かしい風景が消えるのを惜しみ、建物を受け継いで「喫茶と菓子タビノネ」をオープンしたのだ。

旅の音が伝えるたくさんの声。耳を澄ませば、一杯のコーヒーから遠くかすかに歌声が聞こえるような気がしてくる。

26

knot café

ブルックリンのコーヒーと京都の名店の美味

上七軒

元西陣織の倉庫をリノベーション。天井を抜いて、むきだしの梁をのぞかせる。かつては隣接する建物とひと続きだったという。ラ・マルゾッコのエスプレッソマシンの上に並んでいるのは、ブルックリン・キングスカウンティー醸造所のバーボン。

京都らしいカフェとは何だろう？　答えをアップデートするならば、この一軒も含まれるかもしれない。土地の歴史の上に立ち、街の現在とリンクしながら、時代の新しい空気を採りいれているからだ。

北野天満宮の東に位置する上七軒は、京都五花街のなかで最古の花街として知られる、通称「西陣の奥座敷」。その歴史は、かつて京都の基幹産業であった西陣織の繁栄と深く結び付いている。織物業を営む西陣の旦那衆と、豪華な着物を身にまとう舞妓や芸妓は、お互いに大事なお得意さま同士だったのだ。

結び目を意味する「knot café」は、築百年の西陣織の倉庫を改修して二〇一五年にオープンした。

コンセプトは人と人、モノとモノを結ぶカフェ。京都とニューヨークをもつないでいる。

人気のメニューは、ニューヨーク・ブルックリン生まれのロースタリーカフェ「Café Grumpy」の豆を使ったカフェラテと、ご近所の名店の品を組みあわせた小さなフード。

たとえば、このカフェを一躍有名にしたのは、近くに一号店を構える有名ブーランジュリー「ル・プチメック」の小型バンズに、専門店に注文した分厚いだし巻き玉子をはさんだ「出し巻きサンド」である。ふんわりした食感の中から、上品なだしの風味が顔をのぞかせる。

また、西陣織をモチーフにしたお菓子で知られる京菓子司「千本玉壽軒」と、ブルックリン発のチョコレートを組みあわせた「CHOCO BOURO」も登場。そういえば、どちらもものづくりの精神が息づく街なのだ。

上・いまは店内でだしから作る「出し巻きサンド」とコーヒー。左・天井から下がる赤い帆船は、ニューヨークのデザイナー、エミリー・フィッシャーが設計したハンドメイドの凧。

● menu（税別）
コーヒー　500円
カフェラテ　650円
CHOCO BOURO　250円
あんバターサンド　330円
出し巻きサンド　330円

● のっと かふぇ
京都市上京区今小路通七本松西入東
今小路町758-1
075-496-5123
10:00〜18:00
火休（25日が火曜日の場合は営業）
嵐電「北野白梅町」駅より徒歩15分

右上・「鴨が葱をしょって来る」にちなんだ、おいしい「カモネギサンド」。
右下・炊事場である走り庭には、かつては竈《かまど》も設置されていたはず。

27

GOOD TIME COFFEE 島原

地蔵盆に使われた築百年の町家で

島原

それまで点でしか見ていなかった名所旧跡の間に補助線を引いてみると、歴史の星座が鮮やかに浮かび上がることがある。たとえば世界文化遺産・西本願寺と、歩いて数分の場所にある格式高い花街・島原、北の壬生寺を青い線で結べば、新選組の星座が輝きはじめる。

　西本願寺と島原を結ぶ花屋町通。その南に残る築百年超の町家が、二〇一五年にコーヒースタンドに生まれ変わった。

　長い間、地域の人々の集会所のような使われ方をしてきたが、地蔵盆に町内の子どもたちが集まったりする以外にはほとんど活用されていなかったという。

　リノベーションと運営を手がけているのは京都のデザイン会社「タクマデザイン」。お店のロゴにも空間

走り庭の上部は、竈の煙や熱を逃がすために吹き抜けとなっている。坪庭に面した縁側に腰かけてコーヒーを楽しむお客さまの姿も。

●menu（税別）
ドリップコーヒー　400円
ジンジャーシロップラテ　580円
フルーツカスタードサンド　750円
タマゴサンド　700円
カモネギサンド　700円

●ぐっど たいむ こーひー しまばら
京都市下京区突抜2-357
075-202-7824
10:00〜17:00
年末年始休
JR「丹波口」駅より徒歩10分

づくりにもセンスがうかがえる。

「改修工事のときに古い土壁の中から百年前の新聞紙が出てきたんです。それで少なくとも築百年ということが判明しました」

デザイナーから転身したバリスタが、にこやかに教えてくれた。

中に入ると、走り庭と呼ばれる細長い土間の先に、坪庭と離れがあるのが見てとれる。典型的な京町家の間取りだ。かつてはみせの間※だった空間はテイクアウトのカウンターに、奥の座敷はカフェスペースに整えられている。

店名に込められた願いは、いい時間を過ごし、いいタイミングをつかむこと。合鴨スモークと九条葱に白味噌ソースが香る「カモネギサンド」は、〝好機〟につながる洒落から生まれた素敵な名物メニューだ。

※店の間＝見せの間。通りに面した商いのための部屋。

28 スターバックス コーヒー 京都二寧坂ヤサカ茶屋店

暖簾をくぐって畳の間へ

八坂神社

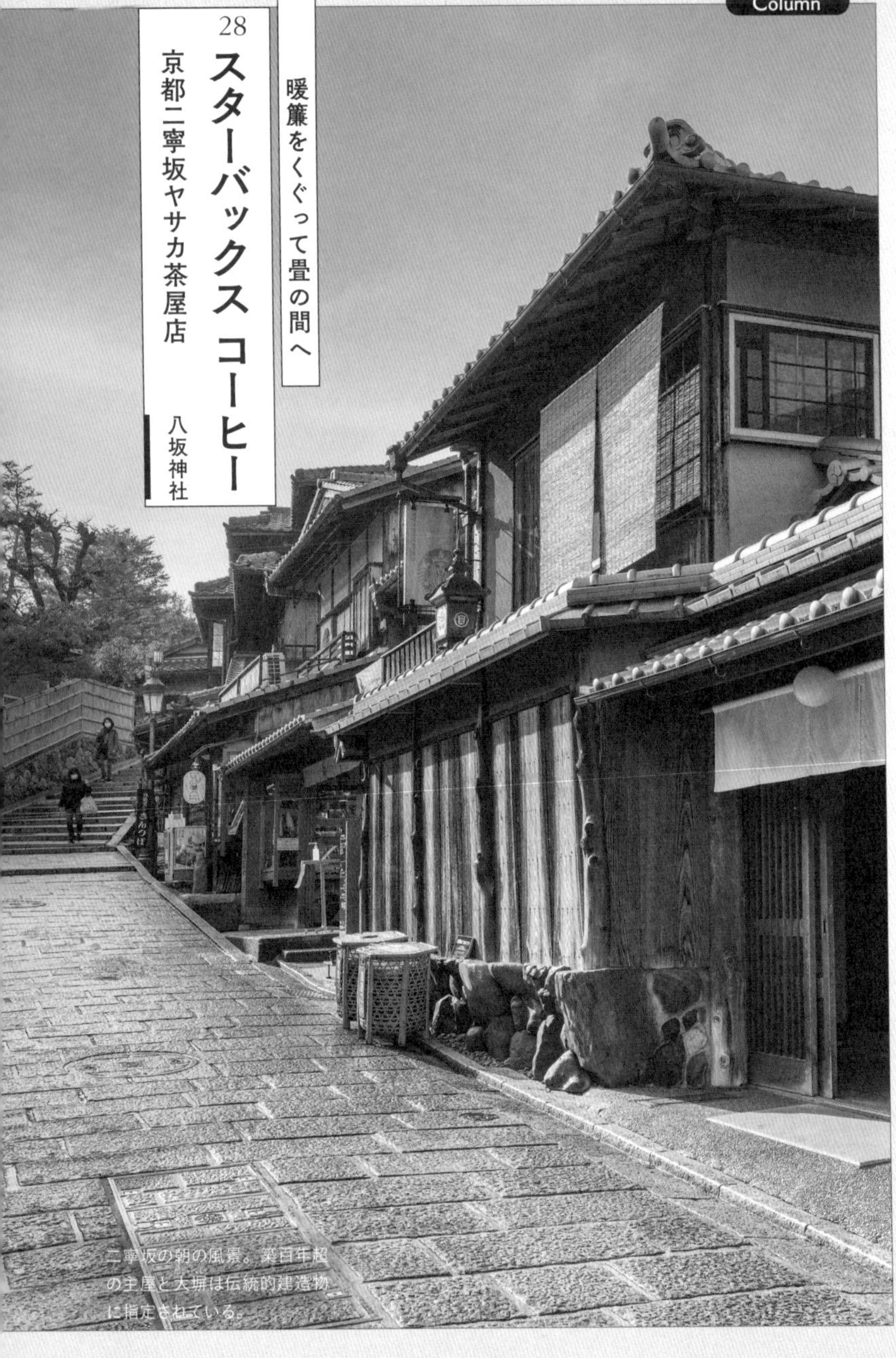

二寧坂の朝の風景。築百年超の主屋と大塀《へい》は伝統的建造物に指定されている。

右・町並みに合わせてロゴも特別仕様。古都に溶け込んでいる。上・畳の間は３室あり、それぞれに趣が異なる。

● menu（税別）
ドリップ コーヒー　290円〜
スターバックス ラテ　340円〜
チョコレートチャンクスコーン　260円
サンドイッチ各種　380円〜
ベーコンとほうれん草のキッシュ　380円

● すたーばっくす こーひー きょうとにねいざかやさかちゃやてん
京都市東山区高台寺南門通下河原東入桝屋町349
075-532-0601
8:00〜20:00　不定休
京阪「祇園四条」駅より徒歩18分

世界各国に店舗をもつグローバルなコーヒーショップが、京都では特別な表情を見せている。床の間と違い棚をしつらえた和室の驚きは想像以上。新しいコーヒー体験が待ち受けている。

二〇一七年、人気の観光エリアにオープンした「スターバックス コーヒー 京都二寧坂ヤサカ茶屋店」は、築百年超の伝統的な日本家屋を活用した風格漂う外観。

この店舗はスターバックスが日本の各地域に展開してきた「スターバックス リージョナル ランドマーク ストア」のひとつとして、地域の歴史や伝統文化に敬意を払い、その土地の魅力を世界に発信することをコンセプトに掲げている。

暖簾《のれん》をくぐって内部へ足を踏み入れると、日本の伝統建築とスターバックス文化が融合した空間の洗練ぶりに目をみはる。

蹲《つくばい》を置いた小さな前庭には瓦《かわら》が埋め込まれ、視覚的なアクセントになっている。よく見ればその瓦は人魚・サイレンのウロコ！　言われなければ気づかないほどさりげない演出やアートが店内のあちこちにほどこされている。

二軒の家屋をつないで奥へと長くのびる空間は、思いのほか仄暗《ほのぐら》い。そこに注文カウンターの柔らかな光が優しく浮かび上がっている。行灯《あんどん》をイメージした照明だという。

廊下を進み、奥庭に面した空間でコーヒーを受け取ったら、さあ、二階へ。

畳の間と洋間、伝統建築と現代アートが同居する空間で、記憶に残る一杯が楽しめるはず。

29
ブルーボトルコーヒー
京都カフェ
南禅寺

上・築100年超の京町家をリノベーション。右・コーヒーと京都店限定の「抹茶テリーヌショコラ」。宇治・利招園茶舗の抹茶を使用。余韻に漂うほのかな山椒の香りが和を感じさせる。

二〇一五年、東京・清澄白河に日本一号店を構えたアメリカの「ブルーボトルコーヒー」は、静かな清澄白河の街がコーヒータウンとして一躍注目を集める立役者となった。

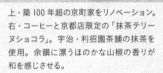

その三年後に「ブルーボトルコーヒー 京都カフェ」がオープン。春は桜並木、秋は紅葉の名所として名高い南禅寺のすぐ西に位置しており、地下鉄蹴上駅からカフェまでの数分の道のりも、まるで自然豊かな公園を散歩しているかのように目を楽しませてくれる。

築百年を超える二階建ての建物は、かつては旅館として人々を迎えていたという。店舗は二棟に分かれており、通りに面したショップの奥に、広々とした中庭と開放感溢れるガラス張りのカフェがある。中庭のベンチで清々しい青空を見上げながら楽

カフェから青空と中庭を眺める。離れの2階は予約制でコースメニューを楽しめる。

● menu（税別）
ブレンド（ドリップ）　450円
エスプレッソ　450円
抹茶テリーヌショコラ　300円
スコーン　400円

● ぶるーぼとるこーひー きょうとかふぇ
京都市左京区南禅寺草川町64
075-746-4453
9:00〜18:00
年末年始休
地下鉄東西線「蹴上」駅より徒歩7分

しむのもいいし、カフェで歴史ある空間を感じるのもいい。

古い柱や梁がむきだしになった空間に、モノトーンの長いカウンターがのびる。土壁の一部には、内部の竹小舞が顔をのぞかせた部分もそのまま残され、建物の歴史を肌で感じさせる。過去と現在、アメリカと京都が交差する洗練の空間だ。

リノベーションを手がけたのは、ブルーボトルコーヒーの多くの店舗でその世界観を表現してきたスキーマ建築計画の長坂常氏。

出店場所を決めるにあたっては、何よりも「いい空気が流れているかどうか、その場所で飲むコーヒーをおいしいと思えるかどうか」を重視し、時間をかけて候補地を選んでいるという。この素晴らしい環境なら、間違いなく最高の一杯が味わえる。

創業百年の自転車店とコラボ

30
ブルーボトルコーヒー
京都六角カフェ

六角

2階のカフェにはアンティーク家具が並ぶ。

京都で二店舗目となる「ブルーボトルコーヒー 京都六角カフェ」は、老舗自転車店「辻森自転車商会」の一画にオープンした。

六角通の小さな四つ角に立つ辻森自転車商会は、明治後期からこの場所で営業を続け、地域のコミュニティの場となってきた。

築百年を超える町家に新たな生命を吹き込み、次の百年をめざすために同居するパートナーを求めてきたが、その「地域により深く根ざし、長く愛される場であり続けたい」という想いに共感したのがブルーボトルコーヒーだった。

自転車とコーヒー文化は親密度が高い組みあわせだ。一階フロアの半分を自転車店とブルーボトルコーヒーの注文カウンターで分け合い、二階は落ち着いたカフェスペースと

上右・カフェラテと「都松庵」のあんを使ったあんこ&くるみバターサンド。
右・創業以来100年の間、辻森自転車商会のシンボルとして外壁に掲げてきた本物の自転車。リノベーション後も変わらず四つ角の目印となっている。

● menu（税別）
アメリカーノ　450円
カフェラテ　520円
ブルーボトル羊羹　300円
あんこ&くるみバターサンド　450円

● ぶるーぼとるこーひー　きょうとろっかくかふぇ
京都市中京区東洞院六角上る三文字町226-1
電話番号なし
9:00〜19:00
年末年始休
地下鉄烏丸線「烏丸御池」駅より徒歩7分

なっている。

　カフェを囲む土壁は、雨の日は湿気を吸い込んで肉眼でもわかるほど膨らみ、晴れると湿気を放出して元に戻るのだという。その環境下でコーヒーの味のクオリティを高い水準で保つために、バリスタは毎朝一時間かけて厳密な調整作業をおこなうそうだ。

　京都六角カフェ限定メニューの「ブルーボトル羊羹」やあんこ&くるみバターサンドは、界隈のあんこ屋さんやパン屋さんとコラボレートした商品。「地域にとって私たちがここにいる意味は何か」を考え、人々と日常的な交流を重ねてきたおかげで、ご近所の方々も通ってくれるようになった。もちろん、自転車店のオーナーも毎日コーヒーを飲みに来てくれるそうだ。

第5章

甘い歳時記

和菓子であれ洋菓子であれ、お菓子を愛でることは、めぐる季節を愛でること。古民家カフェにはとびきりのお菓子が待っています。

31

デザートカフェ長楽館

煙草王の名建築で
百年のアフタヌーンティー

八坂神社

優美な「迎賓の間」。建物や家具は京都市指定有形文化財となっている。

円山公園には京都の腕利きの桜守たちが大切に守り育ててきた、名高い枝垂れ桜がある。その近くにそびえる長楽館は、樹齢九十年になる現在の二代目桜の姿も、樹齢二百年を超えて生き続けた初代の名桜の姿も静かに見守ってきた。

一九〇九年に〝煙草王〟が建てた三階建ての洋館。この名建築の中にあるカフェを訪れるなら、できれば二人でアフタヌーンティーを予約して出かけたい。専用の「迎賓の間」と呼ばれるとびきり優美な部屋で、明治時代に「西の鹿鳴館」と讃えられた長楽館の栄華に思いを馳せながら、ティータイムを過ごすことができる。

バカラ社製のシャンデリア。整然とセットされた名窯へレンドや大倉陶園の食器や銀のカトラリー。テーブルに案内されると胸が高鳴る。

注目してほしいのは、アペリティフのグラスが置かれるコースター。長楽館の最初の主人だった村井吉兵衛の「村井煙草」のパッケージデザインをそのままコースターにしており、当時大ヒットしたハイカラで洗練されたデザインから時代の光景が浮かんでくるのだ。

実業家・吉兵衛の人生といい、長楽館が百十余年の間にたどってきた運命といい、あまりにもドラマティックなので「映画として観てみたい」という欲望に駆られてしまう。着飾った紳士淑女が笑いさざめく明治時代の長楽館。好きな俳優が主人公を演じている場面を想像すると、ティータイムの楽しみはいっそうカラフルに彩られる。

京都の貧しい煙草商の家に生まれた吉兵衛は、当時まだ政府の専売制になっていなかった煙草の製造に乗り出し、「ハイカラの村井」として大成功を収めた。同業者たちとの激しい競争をリードすることができたのは、自ら渡米して煙草の葉を直輸入したり、いち早く欧米の最新技術を導入したりといった技術革新と、魅力的なパッケージデザイン、斬新な広告宣伝が効果を発揮したためだった。

一九〇四年に煙草専売法が施行されると、民間の煙草製造は終わりを告げる。政府に煙草事業を売却した吉兵衛は莫大な補償金を手に入れ、村井銀行を設立。製糸事業などに乗り出して財閥を形成していく。

当時、村井吉兵衛の別荘として建設されたのが長楽館である。一九〇四年に建築が始まり、途中、

優雅なアフタヌーンティー。コースターのデザインは村井煙草のパッケージ。自家製スイーツやスコーン、ケークサレなどのフィンガーフードをのせたスタンドには、英国式アフタヌーンティーの定番であるハムときゅうりのサンドイッチも。

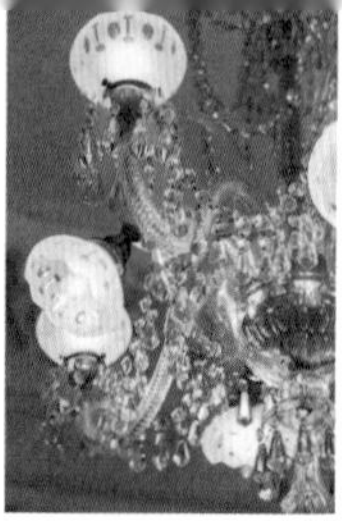

上から1・部屋ごとにシャンデリアのデザインが異なる。2・2階「喫煙の間」に置かれた大理石と螺鈿《らでん》細工の寝椅子。3・人々がビリヤードに興じた「球戯の間」。ステンドグラスは建築当時のもの。4・階段の手すりに輝くランプ。

日露戦争で工事中断。五年の歳月をかけて完成した、贅を尽くした洋館は、時の政治家たちや海外からの来賓を迎える迎賓館としての役割も果たすことになる。

　長楽館と命名したのは、竣工直後にこの館に宿泊した伊藤博文だった。井上馨、大隈重信、山縣有朋といった政治家たち、皇族たち、英国皇太子やアメリカの財閥ロックフェラーも長楽館を訪れている。

　映画ならここで前編が終了し、スクリーンが暗転するだろう。一九二六年に吉兵衛が死去。その翌年には昭和金融恐慌が発生し、村井財閥はあえなく消滅してしまう。

　長楽館は売却されて人手に渡り、第二次世界大戦後は一時期、進駐軍に接収されていたこともある。そして一九五四年、土地と建物を購入した土手富三氏が新たな主となる。彼は荒れ果てていた長楽館に惚れ込み、五年もの時間をかけて所有者から譲り受けたのだ。

　あちこちにペンキを塗られていた長楽館を往年の華麗な姿へ復元するのは大変な作業だったという。土手氏は村井吉兵衛が残したモノクロの写真集や、前所有者の家族の話をもとに丹念に修復を進めていった。

　いま、私たちが見ることのできるステンドグラスなどは建築当時のもの。メープル社の特注家具もそのま

右上・玄関ホールなどにあしらわれた村井家の家紋「三つ柏」。
右下・長楽館は伊藤博文が命名。喫煙の間の入口に伊藤博文の揮毫《きごう》が飾られている。
左・メープル社製の姿見付き家具。

まに残されている。

凝った木彫の階段をもつ英国風のクラシカルで重厚なロビー、イスラム風の幾何学模様タイルに覆われた「喫煙の間」など、館内は部屋ごとに異なる建築様式が採用されている。

アフタヌーンティーを楽しむ「迎賓の間」はエレガントなロココ調。かつては貴婦人たちを迎える応接室だったという。

● menu（税込）
長楽館オリジナルブレンドコーヒー　900円
長楽館ブレンドティー　900円
ミルフォイユ　1,430円
ビーフシチューセット　3,000円
アフタヌーンティーセット（迎賓の間限定）
4,400円
※別途サービス料10%

● でざーとかふぇ ちょうらくかん
京都市東山区八坂鳥居前東入円山町604
075-561-0001
11:00～18:30（LO18:00）　不定休
阪急「京都河原町」駅より徒歩15分

32

村上開新堂カフェ

京都最古の洋菓子店の奥に新しいカフェの輝き

寺町二条

● menu（税込）
開新堂ブレンドコーヒー　750円
ダージリン　750円
焼き菓子セット　900円
カフェ限定スウィーツセット　1,200円
好事福盧　508円

● むらかみかいしんどう かふぇ
京都市中京区寺町通二条上ル東側
075-231-1058
10:00～17:00（LO16:30）
第3月・日祝休
地下鉄東西線「京都市役所前」駅より徒歩4分

一九〇七年に創業した「村上開新堂」は、京都最古といわれる洋菓子専門店。奥の住居部分がリノベーションを経てカフェに変わっており、新旧の味と建築が交錯した、夢見心地の時間が過ごせる。

　寺町通に立つ店舗は一九三五年に建てられたもので、そのクラシカルな店構えに魅せられた作家・池波正太郎が、昭和末期に刊行されたエッセイに「まったく、たまらない」と綴っている。

「これぞ、日本のよき時代の具現といってよい。つつましやかな、タイル張りの三階家で、ウインドーの腰張りは大理石だ」（『むかしの味』池波正太郎）

　池波が冬の夜、お酒を飲んだ後のしめくくりとして好んだ「好事福《こうずぶく》盧《ろ》」は、和歌山の有田みかんを使った季節限定のゼリー。ひとつひとつ手作りされている予約制のクッキーと同様に、人々に長年愛されてきた、この上なく正直で素朴な味わいだ。

　それらが並ぶショーケースを眺めながら店内を奥へ進むと、坪庭の先に洗練されたカフェが現れる。

　四代目当主の村上彰一さんは老舗に新しい風を採りいれ、村上家が代々暮らしてきた住宅を二〇一七年に改修。畳を白木のフローリングに変え、日本古来の素材である錫《すず》を用いたカウンターを設置した以外は、「昔からある日本家屋の良さを残したい」と、聚楽壁《じゅらくかべ》や天井、欄間《らんま》などをそのままの姿で残している。

「くつろぎながらお店の歴史を感じていただけたらと思います」と村上さん。カフェでしか味わえないフォンダン・ショコラが絶品だ。

＊当カフェは 2023 年 12 月現在、休業中です。
　詳細は公式サイトをご参照ください。

上右・カフェのスイーツは若い職人たちと「普遍的なおいしさ」を念頭に開発した新商品。フォンダン・ショコラはカカオが濃厚に香る大人の味わい。
上左・歴史を重ねてきたショップの奥に現代的なカフェがある。
下左・カフェに並ぶ家具はカイ・クリスチャンセンの椅子など、1950年代のデンマークのヴィンテージが多く、日本家屋に溶け込んでいる。

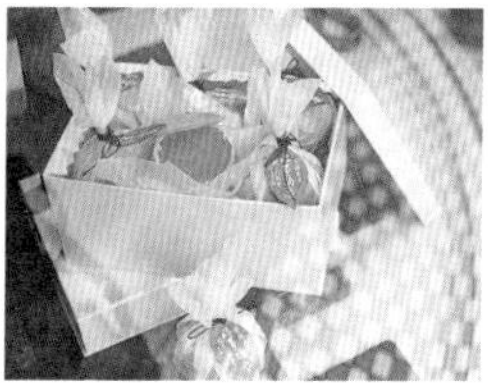

スコーンと豆乳くずもち、月替わりのケーキを盛り合わせたデザートSセット。

33
歩粉
東京で愛された焼き菓子の名店が京都に移転

大徳寺

この世にはみどりの指《グリーンフィンガー》をもつ人がいる。世話をした植物が不思議なほど元気に育つという園芸の才の持ち主である。「歩粉」の店主、磯谷仁美さんの場合は、たぶん神様から「きつね色の指」を授かったのだと思う。彼女の手にかかると、素朴な焼き菓子がみな輝くばかりにおいしくなってしまうから。

東京・恵比寿にあった歩粉のミルク色の窓辺で、初めてデザートセットを食べたときの感動を忘れない。焼き菓子を盛り合わせたプレートと紅茶。なかでも全粒粉のスコーンは、表面のざくざくっとした快い食感と、厳選した粉がもつ豊かで力強い滋味が噛むごとにくっきりときわだつ名作のひとつだ。

お店は多くのファンに熱烈に愛されたが、急な建物の取り壊しのため

リノベーションの際に紅殻《べんがら》を塗った外観は和を感じさせるが、店内に入ると洋の空間。厨房の跳ね上げ窓が恵比寿時代を彷彿とさせ、昔からのお客さまに喜ばれている。土壁の一部は磯谷さんが自ら左官を手がけた。

● menu（税別）
珈琲　620円
ポットティー　740円
デザートSセット　1,900円

● ほこ
京都市北区紫竹西南町18
075-495-7305
10:00〜17:00（LO16:00）
月・火・水休
※休業日の変更など、公式サイトのNewsにて要確認
地下鉄烏丸線「北大路」駅より徒歩20分

十周年を迎える前に惜しまれつつ閉店。磯谷さんはアメリカ・ポートランドへ語学留学し、世界的に名高いレストラン「シェ・パニーズ」で四季を通してインターンで働く機会に恵まれた。

そして二〇一八年、三年の充電期間を経て、京都に新しい歩粉をオープン。築八十年の二階建て倉庫を改修し、恵比寿の歩粉に通じる白く柔らかな空間を作り上げた。

ポートランドとシェ・パニーズでの体験を通してより地産地消を意識するようになり、食材は可能な限り国産に切り替えている。あんの炊きかたも、豆の味がよりしっかり出る方法に変えたという。

しっかりとした骨格のあるおいしさはさらに艶を増し、ファンが遠方から次々に訪れているのだった。

34

狐菴

昭和の家を遊び尽くす 和菓子と日本酒と珈琲

大徳寺

古い町家を現代の技術で新しくする、という一般的な改修とは反対のベクトルで、江戸時代以前の伝統工法を採りいれて築五十年の昭和住宅を再構築したらどうなるのか？

そんな試みを実践したのが「狐菴」。和菓子と日本酒や珈琲との自由自在なペアリングを楽しませてくれる稀有《けう》なお店だ。

二階建ての住宅を風雅な喫茶空間へと変えるにあたり、「自分たちのルーツである過去の時代に敬意を払い、暮らしの記憶をたどることを意図した」と、菴主の真秀さん。

改修を手伝った人々は、友人知人あわせて五十名にも及ぶ。入口の壁はいったん壊して、竹と荒縄で竹小舞を編むところから下地造りに取りかかり、土を捏《こ》ねたり紅殻を塗ったりしながら土壁を仕上げたという。

前庭には飛び石と菊炭、白い砂利を敷き詰めて、茶室の露地のような風情を漂わせている。

「喫茶去《きっさこ》ならぬ喫茶狐《きっさこ》」

和服姿の真秀さんは狐面を手にして微笑む。逢魔《おうま》が刻《とき》になると薄暗い店内に複雑な光と影が交錯し、見えないあやかしの跳躍が始まる。

真秀さんが敬愛するご近所の和菓子店「嘯月《しょうげつ》」と「聚洸《じゅこう》」から取り寄せた上生菓子に、おすすめの日本酒を合わせて、ほろ酔いの心地。

楓材の長いカウンターの中央には漆喰《しっくい》の白線がのびている。この線をこの世とあの世、現世と幽世《かくりよ》を隔てる川とみなし、その川をはさんで店主とお客さまが向かい合うという洒落た遊びに興じるうちに、隣の客人とも自然に言葉を交わしている。

右・和菓子に合わせる日本酒は、京丹後市の竹野酒造が京都産の祝米を用いて作る「祝蔵舞」など京都のお酒が中心。珈琲や無農薬宇治茶も用意されている。
左・古い建具を集めるために、祇園の閉店したお茶屋さんの解体作業を手伝いに行って譲り受けたこともあったという。建具と高い天井を支えるむきだしの鉄骨のコントラストが面白い。

● menu（税込）

メニューはなく、珈琲、和菓子、
京都の酒を3本柱に好みのものをオーダー
例 カフェラテ　700円
　招き猫モナカ　400円
　カフェラテと招き猫モナカ　1,000円
　日本酒　600円〜

● こあん

京都市北区紫野上門前町66
電話番号　非公開
15:00〜21:00　日･月休
※最新情報はInstagramまたはGoogle Mapsを参照
地下鉄烏丸線「北大路」駅より徒歩20分

35

うめぞの茶房

老舗甘味処の創作和菓子「かざり羹」にめぐる四季

西陣

● menu（税込）
珈琲　600円
焙じ茶　580円
かざり羹（レモン）　350円
かざり羹（こしあん）　380円
かざり羹（紅茶）　380円

● うめぞのさぼう
京都市北区紫野東藤ノ森町11-1
075-432-5088
11:00〜18:30（LO18:00）
不定休
地下鉄烏丸線「鞍馬口」駅より徒歩17分

右・レモンのかざり羹。店主が選んだ粉引の高台皿は京都在住のうつわ作家、高木剛氏の作品。桃のおいしい季節だけの限定メニュー「桃の志るこ氷」も大人気。
左・1階のショーケースに並ぶかざり羹は、四角いものが定番、丸いものが季節限定の味。店内のインテリアは、この魅力的なアンティークのショーケースに合わせてデザインされた。

粉引《こひき》の高台皿の上に、創作和菓子「かざり羹《かん》」がひとつ。ぷるんとした肌に薄く光を湛《たた》え、見る人の心を吸い寄せる。

一九二七年創業、みたらし団子で有名な甘味処「梅園」の若き三代目店主が考案したこの和菓子は、羊羹《ようかん》より軽やかで、水羊羹よりもっちりした新鮮な食感だ。

寒天とわらび粉で流し固めたあんに季節の果実を組み合わせて、まるでフランス菓子のような装いと風味を楽しませてくれる。

和菓子になじみのない若い人に、その魅力を伝えたい。そんな思いから生まれたかざり羹がいただけるのは、梅園が二〇一六年にオープンした新店舗「うめぞの茶房」。西陣に残る築百年の町家を改装した小さなカフェスペースで、煎茶や和紅茶などと共に新しい和菓子と、その中に凝縮された香りや食感の小宇宙が楽しめる。

たとえば定番のレモンのかざり羹は、白あんにレモンの酸味がほんのり漂う上品でさわやかな一品。生クリームとライム、焙じ茶のトッピングが、ひと口ごとに変化をもたらしてくれる。フランボワーズやカカオといった、和菓子と組み合わされるのが珍しい素材を使った定番の味に加えて、桜やマンゴーなど季節ごとの楽しみも豊富だ。

天窓に薄曇りの午後の柔らかな光が射して、少し開いている窓から微風が入ってくる。夏はどこからか風鈴の音が聞こえてくるんです、というスタッフの言葉を聞いて、懐かしい夏休みの夕方の匂いが一気に押し寄せてきた。

36

万治カフェ

祇園で百六十年間
親しまれた炭屋さんの
端正なカフェ空間

祇園

● menu（税別）

珈琲　700円
抹茶（小菓子付）　各900円
お茶のブラウニー　700円
季節のスイーツ抹茶セット　1,400円

● まんじかふぇ

京都市東山区祇園町南側570-118
075-551-1111
11:00〜18:30
火・水休
京阪本線「祇園四条」駅より徒歩4分

下・人気のモンブランは注文を受けてから仕上げる。
左・オーナーの父が好んだ「ミウラ照明」の繊細な手仕事。見えない部分にも装飾がほどこされている。

花見小路通の入口から続く、風格ある紅殻壁といえば、祇園を代表するお茶屋「一力亭」。

文久元年※に一力亭から分家した杉浦万治《まんじ》さんは、そこから一筋西に入った路地の角で炭屋を営み始めた。このカフェの店名の由来となった人物である。

元炭屋だった町家を改修して「万治カフェ」がオープンしたのは二〇一七年のこと。オーナーの北尾貴代子さんは、この家に住んでいた両親が亡くなり、蔵に眠る遺品整理をしているときにカフェ開業を考え始めたという。

そこにあった品々には、祇園を愛した祖父・杉浦万治や、祇園の景観保全に尽くした父、そして家族の百六十年分の記憶が息づいていた。

「祖父が集めたお茶碗や掛け軸などが日の目を見ないままでいいのだろうか、代々受け継いできたこの家を次の世代に渡せないだろうか、と思ったんです」

結婚して夫婦で洋菓子店を営んでいた北尾さんは、その技術をいかしてカフェのスイーツメニューやおもたせのクッキーを開発すると共に、老朽化した家屋のリノベーションに取り組んだ。

設計を手がけたのは京都在住の建築家、木島徹氏。L字型の端正なカフェスペースの窓から、二つの坪庭の眺めが楽しめる。

「玄関だけはどうしても昔の姿を守りたくて、上がり框《かまち》の一枚板もそのまま残していただきました」

祇園で生まれ育ったオーナーの想いを感じながら、作りたてのモンブランのおいしさを満喫したい。

※1861年

37

ぎをん小森

白川のほとり 築七十年以上の元お茶屋さん

祇園

右・作りたてのぷるぷるした食感が愛しいわらびもちは、毎朝練るわらび粉100パーセント。良質な素材を使って手抜きをせずに作ればおいしいものができるという証。

京町家の代名詞といえば、窓の格子。風や光を通しながら外からの視線を巧みに遮る格子は、機能性とデザイン性を兼ねそなえた、暮らしの知恵の結晶だ。

もうひとつ、京町家の窓に欠かせないのが、陽射しと熱を遮る簾《すだれ》である。祇園新橋には江戸時代末期以降に建てられたお茶屋建築が保存されており、夏も冬も昔のままに格子窓に簾を掛けている。

新橋のたもとに立つ「ぎをん小森」は、戦後間もない頃に造られたお茶屋の建物をいかして一九九八年にオープンした甘味処。

「祖母の姉がこのお茶屋のおかみだったんです」と、ご主人は語る。おかみさんが亡くなった後、厨房を改装した以外はほぼそのままの姿で甘味処を始めたという。

坪庭の緑も白川のきらめきも眺めることができる1階奥の座敷。障子に透ける木漏れ日も美しい。

暖簾《のれん》をくぐって店内に入ったとたんに、別世界に誘われる。奥へ長くのびている仄暗《ほのぐら》い廊下。大小のお座敷。雪見障子ごしに白川の水面のきらめきが見える。

お茶屋時代にここで遊んだ記憶のある人が、お客さまとして来店することもあるそう。

「そういうかたは、だいたいお帰り間際にぽろりとおっしゃるんです」

往時と変わらない姿に、何を思っただろうか。ここ数年で変わったものといえば、入口の前にあった柳の木が樹齢を重ね、倒れる危険があると判断されて切り倒されたことくらいだという。

休日ともなれば、かき氷やわらびもちをめざして、観光客が暖簾の前に行列を作る。近ごろは、それを平和な光景と思うようになった。

上・2階に残されている蒔絵の飾り棚。
左・お茶屋時代の姿のままという2階のお座敷。階段の手すりにも当時の意匠《いしょう》がうかがえる。
下・祇園新橋のたもとという最高のロケーション。石畳が続く新橋通沿いの町並みは「重要伝統的建造物群保存地区」に指定されている。

● menu（税込）
ホットコーヒー　750円
グリーンティー　850円
わらびもちぜんざい　1,050円
小森あんみつ　1,250円
わらびもちと抹茶　1,550円

● ぎをん こもり
京都市東山区新橋通大和大路東入元吉町61
075-561-0504
11:00〜19:00(LO18:30)
月休、日不定休、年末年始休
京阪「祇園四条」駅より徒歩5分

38

火裏蓮花

見つけにくい路地の奥に潜む町家で読書三昧《ざんまい》

烏丸御池

上・「まったりお抹茶ミルクのケーキ」は米粉、卵、三温糖と京都産の抹茶、ホワイトチョコで作る人気の一品。米粉ならではのもちもちした生地に、濃厚な抹茶が香る。

● menu（税込）
ブレンド珈琲　660円
自家製たちばなジュース　660円
まったりお抹茶ミルクのケーキ
　お抹茶仕立てのソース　880円
スパイスキーマカリー　1,320円

● かりれんげ
京都市中京区柳馬場通姉小路
　上ル柳八幡町74-4
075-213-4485
12:00〜18:00（LO17:00）
火・水休+不定休
地下鉄烏丸線・東西線
「烏丸御池」駅より徒歩6分

まさかここ？　……とまどいながら両隣の家が迫る細い路地を奥へ進んでいくと、虫籠窓《むしこまど》をもつ建物と小さな広場めいた空間が迎えてくれる。カフェの前には錆《さ》びた井戸のポンプが残されており、界隈の人々が共同で使っていた光景を想像させる。

二〇〇七年にオープンした「火裏蓮花」は、町家リノベーションカフェの定番的存在として、日本各地だけでなくアジアからの観光客にも愛されてきた。

現オーナーは元スタッフとして活躍し、二〇一五年にバトンを受けとった二代目の女性。歳月を重ねた町家をこまめに清掃しながら、メニューをより洗練させている。

秋冬には灯油ストーブに火が入る。路地からも見えるオレンジ色の炎に守られて、最高の読書時間を。

第6章

出会いと再発見の場所

カフェは未知の世界への扉を開けてくれる文化装置。
古民家カフェで新しい世界に出会ったり、
忘れていた世界を思い出したり……。

39

STARDUST

内なる星の輝きを思い出す美しいカフェ&ショップ

紫竹

上・誰でも楽しめるように植物性原料のみを用いた、おいしいタルト。きび砂糖やメープルシロップの自然な甘みが素材の味をひきたてる。加熱せずに作るロウケーキも人気。

もしも絵の具で京都市街地の地図を描くとしたら、誰もが最初に青い大きなYをまんなかに描くだろう。鴨川である。

　そうして、私ならYの左肩にひろがるエリアを紫色に染める。そこには紫《むらさき》野《の》◯◯町、紫竹《しちく》◯◯町という町名が続いているのだ。

　平安時代には紫草《むらさき》や紫竹が風に揺れる草原だったというその一帯は、現在はところどころに古い家並みが残る、のんびりした住宅街。決して交通至便ではないけれど、近年は小さな飲食店やショップが次々に誕生して、カフェ好きにとっては発見の多い、感性を刺激される散策エリアに変貌している。

　そんな一角に二〇一五年にオープンした「スターダスト」は、青紫色に暮れていく西空に輝く、宵の明星のような存在だ。

「You are stardust on the earth – a beautiful little piece of universe.

（あなたは地上の星屑、宇宙の美しいひとかけら）」

　カフェとショップ&ギャラリーを通して、スターダストはそう囁きかける。

　古い町家の入口に、錆《さ》びた金属板にポストカードを一枚貼っただけのボードが足元に立てかけられている。美しいものを感知するアンテナを立てて街歩きする人だけが発見できる、そんな佇《たたず》まいだ。

　店主の清水香那さんに、この建物は築九十年ほどの四軒長屋のひとつだと教えてもらった。

「織屋建《おりやだて》と呼ばれる造りで、元は四軒とも機織りの工場でした」

　そう聞いて、ここが西陣界隈であ

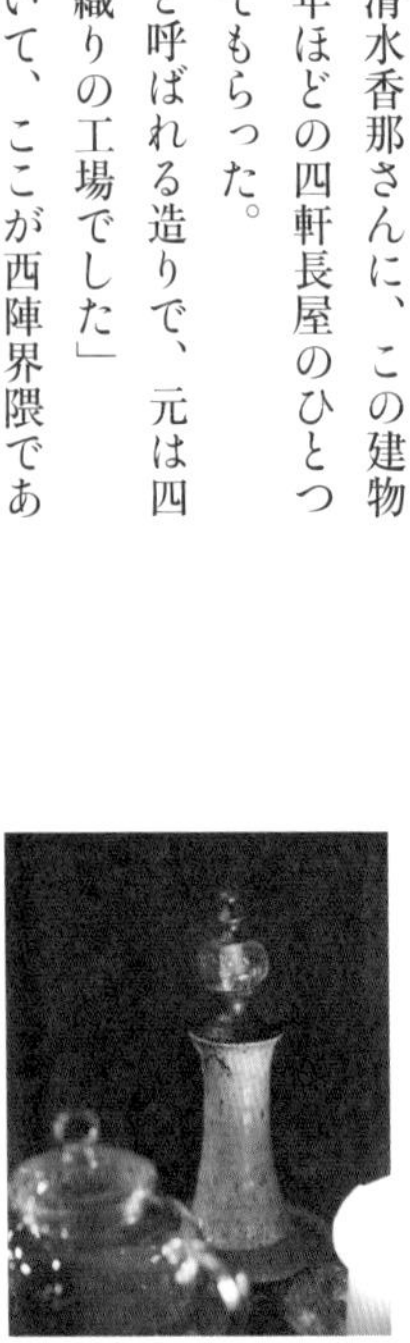

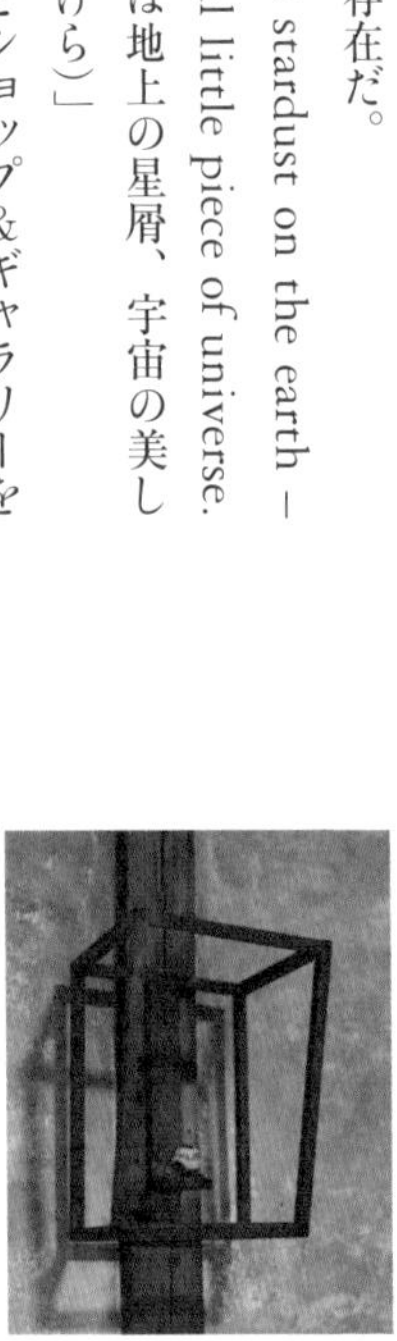

キャンドルスタンドにのせた鉱石は「石の光を放っているよう」と清水さん。写真左は壊れたワインストッパーについていたガラス玉をのせたもの。

ることを思い出す。織屋建は一般的な京町家とは反対に、住まいの奥に織場と呼ばれる広い作業場を設けており、高さのある織機を置くため吹き抜けになっている。

清水さんはこの町家に少し不思議なタイミングでめぐりあった。アダム・シルヴァーマンの作品展を見に友人とギャラリーへ出かけた折に、初めて口に出して「お店を始めるので物件を探している」と友人に打ち明けた。するとギャラリーの主人から「この隣が空きますよ」という言葉が返ってきたという。それが現在のスターダストの場所なのだ。

「中を見せてもらったとき、古い土壁が宇宙や星空のように見えて、とてもきれいだと思ったんです」

星が瞬くようなインスピレーションだった。建築家と共に豊かな質感

右・手のひらにのるほどの豆本に、鉱物と羽根を添えたディスプレイ。
下・さまざまなところから寄せ集めたアンティーク家具。日本のものが多い。

ショップにはスターダストと世界観を共有する衣服やアクセサリー、食器などが並び、多くのお客さまが訪れる。

をもつ空間を作り上げて、七月七日に開店。かつて織場だったカフェスペースに古い土壁を残し、ショップの壁面には青紫色の和紙を張っている。

　現在、カフェは予約制。窓辺のテーブルに座り、乳製品や卵を使わないタルトと、フランス・リヨンから取り寄せる「CHA YUAN《チャユアン》」のフレーバーティーをいただいた。

　静かな音楽が聞こえている。吹き抜けに下がる小さな灯り。銀色のカトラリー。燭台《しょくだい》の上の鉱物。ガラスドームの中の水晶。花。国内外のクリエイターたちが生み出した作品の数々。美しい空間に置かれたものたちが、星のきらめきを湛《たた》えて共振している。

「地球上にある物質はみな、超新星爆発を起こした星が宇宙空間にばらまいた元素でできていて、人間の細胞もそんな〝星のかけら〟で構成されている」――宇宙物理学者のそんな言葉を聞いたら、人は何を思うだろうか？

　私の心には、安らぎと自由が無数の流星群のように降り注いだ。

　清水さんはデンマークのエコヴィレッジに滞在し、スターダストガーデンと呼ばれる美しい庭で幸福感に包まれている時代に、宇宙物理学者のその言葉を思い出したという。

　地球環境の大きな変化に人が不安を抱いている時代に、自分の内側にも星が輝いていると思い出させてくれるのがこの空間だ。

　アメリカ西海岸の街、バークレーに七年間暮らして、オーガニックな食文化があたりまえに身近にある生活と、街に漂う自由な空気を楽しん

ショップに並ぶ CHA YUAN のフレーバーティー。「創始者は詩的なセンスのもち主で、『空の構築』などという物語を思わせる名前のお茶もあるんですよ」。毎月の「新月市」には「Millet」が石窯で焼くパンも入荷する。

でいた清水さん。帰国後、東日本大震災を機に移り住んだ京都で、再び自由を感じているという。

世界中からふらりとお客さまが訪れ、幾つもの出会いが生まれてきたのは、伝統文化を大切に継承してきた京都という街に吸引力があるからこそ、と清水さん。スターダストで出会った人と人の間にも、美しい星の共振が生まれている。

● menu（税別）

スターダストコーヒー　600円
オリジナルハーブティー　700円
ホットコーディアル　750円
ロウケーキ　750円
米粉のキャロットケーキ　750円

● すたーだすと

京都市北区紫竹下竹殿町41
075-286-7296
11:00〜18:00（電話にて要予約）
水・木休
地下鉄烏丸線「北大路」駅より徒歩18分

40

寺町李青

李朝文化が薫る
骨董と韓国喫茶の空間

寺町丸太町

いまはなき東京の名店「茶房李白」から譲り受けた照明がテーブルに優しい光を投げかける。

[左ページ]

上右・よもぎ餅に薄甘い小豆をからめた韓国餅と韓方茶。

上左・店内には韓国の古道具や雑貨が並ぶ。

下右・真鍮のうつわ。

下左・このテーブルもかつては李白で使われていたもの。

韓国工芸

鴨川にほど近い本店「李朝喫茶李青」を訪ねたのは、もう十数年も前のことになる。

気品の漂う店内には、茶道の深化に大きな影響を与え、民藝の作家や白洲正子のような目利きたちを魅了してやまなかった李朝家具や工芸品が並んでおり、その片隅に、いまはなき東京の名店「茶房李白」の案内が置かれていた。李白と李青は、李朝のおおらかで優美な文物を介して友情で結ばれていたのだ。

二〇一七年秋、土蔵造りの二階家を改修して、二号店となる「寺町李青」が誕生した。本店ではビビンパなどの食事が、こちらでは韓国伝統茶と軽食がメニューの中心だ。

落ち着いた店内で定番の韓国餅と、ナツメや蓮の実を浮かべた韓方茶をいただきながら、再び店主の鄭玲姫《チョンヨンヒ》さんにお話をうかがった。

「ここは百年ほど前に倉庫として建てられたもので、元から大家さんをよく存じ上げていました」

そしてこれは、と鄭さんは和紙を張った美しい照明を示した。

「李白で使われていたんですよ。あちらのテーブルも李白さんが譲ってくださいました」

名店の記憶がここに、と思うと胸が熱くなったが、寺町李青が受け継いだのはそれだけではなかった。

ひときわ目を引く大きな竹張の簞笥は、美術館クラスの名品。大家さんが亡くなり、遺品となった李朝簞笥を思いきって買い取ったという。

「この簞笥と、昔農家で使われていた穀物入れが宝物です。二、三百年前の人々が日々の糧を得るためにひたむきに作ったものは、根源的な精

＊当カフェは2021年11月に閉店しましたが、かつて素敵な古民家カフェがあった記録として本書に残しています。本店「李朝喫茶李青」は営業中です。

この建物の大家さんが所有していた素晴らしい竹張の李朝簞笥が、喫茶を楽しみに訪れる人々を静かに迎える。鄭さんは「実家にも李朝のものが多かったのですが、その良さに気がついたのは子育てが終わり、父が亡くなってから。『李朝は日本人の美意識のなかに息づいている。その民族の末裔である私たちが知らないのは愚かしい』という父の言葉の意味がようやくわかりました」と語る。

神性が違うのです」

　鄭さんの亡き父は高麗美術館※の創立者。鄭さんは日本で生まれ育ったが、年齢を重ねるにつれて自分の足元を意識するようになり、父娘で韓国文化の魅力を京都に伝えてきた。

　鴨川の秋の風景に心を寄せる鄭さん。ことに黄昏《たそがれ》どきが好きなのは、自分が人生の黄昏に入っているからですね、と微笑した。

● menu（税込）
コーヒー　600円
韓方茶　700円
禅食ケーキ　500円
韓国餅　500円
黒毛和牛のカルビサンド　1,500円

● てらまち りせい
京都市中京区寺町丸太町下ル
　下御霊前町633
京阪「神宮丸太町」駅より
　徒歩10分

※京都市内にある美術館。朝鮮半島の美術工芸品の展示・研究をおこなう。

上・お茶所の軒下に光る小さなサイン。物販、飲食、観光を通して地域の「らしさ」を見直すD&DEPARTMENTが、京都らしい場所としてお寺を選んだ。

41

d食堂(D&DEPARTMENT KYOTO)

由緒あるお寺の境内にデザインストアとカフェが誕生

四条烏丸

四百年の歴史を紡いできた本山佛光寺。二〇一四年、その境内の一角に、流行に左右されずに長く続くロングライフデザインを提唱してきた「D&DEPARTMENT KYOTO」がオープンした。

勅使門《ちょくしもん》をくぐると、境内の大きな銀杏の樹の左右にカフェ「d食堂」とデザインストアがある。近づいてみなければそうとはわからない、寺院建築に敬意を払った佇まいだ。

カフェとなったのは築百四十年以上のお茶所である。中に入ると、ショップでも扱っている天童木工の美しい低座椅子がずらりと並ぶ中に、なんと金色の仏壇が輝き、生花が供えられていた。

「現在も毎朝ここで法話がおこなわれていて、地元の方々を中心にいらっしゃいます」とスタッフ。仏教

上・デザインストアは「和合《わごう》所」と呼ばれる僧侶の宿泊施設をリノベーション。暮らしや観光をデザインの視点から見つめ直すというコンセプトに基づき、地域に根づいた、機能美の光る生活道具が並ぶ。

● menu（税込）
ホットコーヒー　450円
カフェオレ　560円
食堂の蒸しぱんとコーヒー　750円
d&ドライカレー　1,200円
京都定食　1,400円

● でぃしょくどう（でぃあんどでぱーとめんと きょうと）
京都市下京区高倉通仏光寺下ル新開町397 本山佛光寺内
075-343-3215
11:00～18:00（LO食事16:30／喫茶17:00）
水休　※最新情報はInstagramを参照
地下鉄烏丸線「四条」駅より徒歩8分

の教えもお茶所という空間もロングライフデザインなのだ。

この椅子ならば畳の間でも腰や脚がつらくならずにきれいに座っていられる、と喜びながら「津乃吉定食」をいただいた。京都の郷土料理や、長く続く食文化を伝える「京都定食」は月替わりだ。京都の生産者を取り上げ、その作り手や商品の魅力を伝えるメニューのひとつである。

この時期は明治初期に創業した「津乃吉」が手作業で作る佃煮をさまざまな調理法で料理に仕上げ、ひとつのお盆にまとめていた。コシヒカリのごはんも京都産。メニューにはどの料理にも丁寧な説明が添えられており、質問すれば、実際に生産者の元に出向いたスタッフが答えてくれる。この定食は〝食べて知る京都〟なのだ。

上・絵本専門士やJPIC読書アドバイザーの資格をもつ洞本さん。店内の700冊近い絵本はすべて頭に入っており、的確に紹介してくれる。関西日販会会長、京都府書店商業組合副理事などもつとめる書店業界の牽引役。
下・プチトマトと枝豆で作る「はらぺこ君」を添えたメニューが大人気。

42

絵本カフェMébaé

絵本専門士がいるカフェ
大人も笑顔でページをめくる

北大路大宮

● menu（税込）
ホットコーヒー　500円
フルーツティー（アプリコット）　600円
カヌレ 生クリーム添え　520円
はらぺこ君のキーマカレー　880円
厚焼きたまごサンド　770円

● えほんかふぇ めばえ
京都市北区紫野下門前町5-5
075-493-5528
11:00〜16:00（LO15:30）
日・月・火休+不定休
地下鉄烏丸線「北大路」駅よりバス4分、
「大徳寺前」バス停より徒歩３分

「少なくとも築50年以上」という町家。以前は漬物屋さんが入居していた。

京都市内で一番長さがあるという新大宮商店街の静かな一角に、壁を紅殻《べんがら》で塗った二階建ての可愛らしい町家がある。

そこは大人も子どもも楽しめる絵本カフェ。旅の思い出に絵本を一冊、と思い、カフェスペースの奥に長くのびる本棚の前に立っていたら、男性がにこやかに話しかけてきた。

「どんな本をお探しですか？」

「自分のために」という曖昧な私の言葉をもとに、男性は永遠の名作絵本から最新の人気絵本まで、候補を丁寧に紹介してくれた。

愉快なお兄《じ》さんとして子どもにも親にも親しまれそうなその男性が「絵本カフェめばえ」の店主であり、京都を中心に書店と雑貨店を展開する「ふたば書房」の社長、洞本《ほらもと》昌哉さんだ。九十年以上続く老舗を継いだ三代目である。

「本とお客さまを結ぶのが書店の仕事です」と洞本さん。そのためにカフェや雑貨を本と組みあわせ、誰でも気軽に本に手をのばすことのできる環境を作っているのだ。

めざすのは地元民のための本屋さん。この絵本カフェは洞本さんが生まれ育った街にあり、元同級生が近所にたくさん暮らしているという。

それにしても、絵本専門士の資格をもつプロに本を勧めてもらうというのは想像以上に幸福な体験だった。選択の多い日々を過ごして、選び疲れていたのかもしれない。

買いもとめた美しい幻想絵本は、自分では決して出会えなかったもの。東京の部屋で開くたびに、絵本カフェの窓から夕暮れの舗道に滲《にじ》んでいた光と冬の匂いを思い出している。

43

Café Bibliotic Hello!

京都古民家カフェの始まり

烏丸二条

アイスクリームを
添えた焼きリンゴ。

「面積より容積を大切にしました。天井は高いほうが心地いいが、高すぎても落ち着けない。6〜8メートルが理想」と小山さん。ハローの吹き抜けは最も高いところで8メートル。カフェ ドジの空間の主役だったバリ島のオールドチークの家具が、ここでも存在感を放っている。

築百三十年の町家の前に、陽射しを浴びて輝くバナナの木は、「カフェビブリオティック ハロー！」のシンボルツリーだ。

午後の店内で読書に耽るのもいいし、真夏の夜にウォッカトニックを呑みながら夢を見るのもいい。旅先に「あのカフェに行けば安心」という一軒をもっておくことは、旅のお守りのようなものだ。

本書のしめくくりにこのカフェをご紹介したいと思ったのは、ハローが京都の町家カフェの先駆者であり、「CAFE《カフェ》 Doji《ドジ》」の遺伝子を受け継ぐ貴重な一軒でもあるため。かつて京都・北山にあったドジは、現代の日本のカフェスタイルのルーツのひとつと言うべき名店だった。

店主の小山満也さんは、十八年間活躍してきたドジから独立してカ

カフェは在籍するスタッフによって表情を変えていく。2008年、「パンを焼きたい」というスタッフの声に応えてカフェの隣にベーカリーをオープン。2019年には焙煎を開始し、メニューに自家焙煎コーヒーを追加している。これもスタッフの希望だった。

フェを開くにあたって「町家の物件は考えていなかった」という。西陣にある実家も帯屋を営む町家であり、新鮮味を感じなかったらしい。

だが、予算と改修工事の自由度を考えると、当時はまだ注目されていなかった御所南エリアの古い空き家を選ばざるをえなかった。初めて足を踏み入れたその内部には、友禅を扱う道具も、先祖代々の写真もそのままに残されていたという。

美大出身の小山さんは自ら設計を手がけ、軀体《くたい》のみを残して半年間の大がかりな改修をおこなう。畳の下からは明治時代の新聞が現れて、家が過ごした時間を教えてくれた。

思い描いていた三つの要素は、吹き抜けの天井まで届く、大きくて実用性を備えた本棚、観光客も地元の人も入り交じってくつろげる大テーブル、そして薪ストーブ。

そのすべてを実現して、洗練されたカフェが誕生したときのインパクトたるや！　ハローはやがて全国に名を轟かせる人気店となった。

ドジの緑豊かな中庭から譲り受けたバナナの木が、今日も青々としてお客さまを迎えている。

● menu（税込）

レギュラー　490円
ティーラテ　600円
ベリーやチェリーの温かいケーキ　710円
サンドイッチ　930円〜
骨つきチキンと野菜のカレー　1,040円

● かふぇ びぶりおてぃっく はろー!

京都市中京区二条柳馬場東入ル晴明町650
075-231-8625
11:30〜LO23:00
不定休
地下鉄東西線「京都市役所前」駅より徒歩6分

著者
川口葉子（かわぐち　ようこ）

ライター、喫茶写真家。全国2，000軒以上のカフェや喫茶店を訪れてきた経験をもとに、多様なメディアでその魅力を発信し続けている。

著書に『金沢 古民家カフェ日和』（世界文化社）、『京都カフェ散歩 喫茶都市をめぐる』（祥伝社）、『東京の喫茶店』（実業之日本社）他多数。

京都 古民家カフェ日和
古都の記憶を旅する43軒

発行日　2021年4月30日　初版第1刷発行
2024年1月10日　第5刷発行

著者　川口葉子
発行者　竹間 勉
発行　株式会社世界文化ブックス
発行・発売　株式会社世界文化社
〒102-8195　東京都千代田区九段北4-2-29
電話　03-3262-6632（編集部）
03-3262-5115（販売部）
印刷・製本　株式会社リーブルテック
DTP制作　株式会社明昌堂

ISBN978-4-418-20215-7

ブックデザイン　阿部美樹子
イラスト　川原真由美
校正　株式会社円水社
協力　石島隆子
編集　大友 恵